JN293527

Ikemori Ken-ichi
池森憲一

ニューヨークのミステコ族

巨大都市に生きる出稼ぎ少数民族

ニューヨークのミステコ族—巨大都市に生きる出稼ぎ少数民族—＊目次

1　ミステコ族の村

2　ニューヨーク出稼ぎ生活

3　トゥビシンのミステコ族

4 出稼ぎの最終地

装幀　志岐デザイン事務所（下野　剛）

ニューヨークのミステコ族

巨大都市に生きる出稼ぎ少数民族

サンフランシスコ
ボストン
ニューヨーク
ワシントン
ロスアンゼルス
アメリカ合州国
カリフォルニア半島
ノガレス
ダラス
エルモシヨ
ヒューストン
大西洋
クリアカン
メキシコ湾
マイアミ
メキシコ
メキシコシティ
ゲレロ
キューバ
太平洋
プエブラ
アカプルコ
トゥビシン
オアハカ

1　ミステコ族の村

ミゲルの村へ

二〇〇一年九月二十二日、世界貿易センタービルのテロ事件が連日ニュースの大半を占めているころ、私はメキシコ南部のゲレロ州にあるミゲルの村に向かった。

ゲレロ州東部にあるタンダイという小さな町から、タクシーを拾って出発したのは、午後の一時過ぎだった。座席にはミゲルの父マリオを挟んで左手にドライバー、右手に私が座る。タクシーといっても座席はこの前列しかなく、三人並ぶとまるで身動きがとれないほど窮屈だから、私は体をひねって上半身はできるだけ窓の外にやる。ミゲルから聞いていたとおり、村までは三時間かかるという。まあ、これも仕方がない。空の見えないマンハッタンから久しぶりに解放されているのだ。強い日差しが私の右腕に照りつけ、目の前にはさっきから雄大な南マドレ山脈の山並みが広がっている。

ナサリオという名のそのドライバーは、舗装されていない砂利道に砂煙をもうもうと巻き上げながら、「よく来た、よく来た」と言って、まるで私の訪問を知っていたかのように、何度も歓迎してくれる。私は頭の中で文法を間違えないように気をつけながら、習いたてのスペイン語でいくつかの文を作ってみる。「私は、ニューヨークから、来ました」「日本人です」「どうぞ、よろしく」「私は、マリオさんの、息子の、友だちです」……。そうかそうか、という顔をしてナサリオはさらに上機嫌になる。

マリオとナサリオはいくつか短い会話を交わすが、私にはさっぱりわからない。電柱のようにニョキニョキと禿山(はげやま)に生えている柱状サボテンを、一本また一本と通り過ぎたのち、マンゴーの木の見える小さなレストランに立ち寄り、よく冷えたビールで私たちは乾杯した。客はほかに誰もいない。外の風景のよく見える開放的な店内には、メキシコのポップ音楽がチョロチョロと流れている。のどかな雰囲気の中、期待よりも緊張感が高まってくる。

私と二十六歳のミゲルは、ニューヨークのマンハッタン、アッパーウェスト地区にある、自然食料理店で働くバイト仲間である。生活費を稼ぐために働きだしたその店で、ミゲル、そして彼の弟である二十歳のマルコンドニオと十七歳のカタリーノの、メキシコ人三兄弟と知りあった。彼らは、私が初めて出会ったメキシコ人でもあった。六畳ほどしかない狭い厨房で一緒に働くうちに、彼らのことを自然にいろいろと知るようになり、彼らがアメリカに何百万といるメキシコからの不法移民であることを知った。彼らがミステコ族という少数民族であるという事実も、正直興味深かった。

もともと私がニューヨークへ来たのは、ソフトウェア関係の会社で働いている恋人に会うため、というごく個人的なものであった。それまで私は、大学時代に貯めたお金で国内旅行をし、その後も海外へ飛びだして一人旅を続けていた。

ある国の上っつらではない現状を知るためには、先住民のような社会的少数派に焦点を当てる必要があると私は考えている。

中国とインドでは、問題の深刻と思われる少数民族の農村や山村を、時間をかけてゆっくりと旅した。中国とインドへ行ったのは、大国で人口も多く混沌としていて、一筋縄では理解できないようなところこそ、まずは具体的に見たいと思ったからだ。

中でも印象に残っているのが、中国・貴州省とインド・ナガランド州である。そこにはそれぞれ問題を抱えながら山間に暮らす少数民族がいた。貴州省のミャオ族の村は貧困に喘ぎ、町に出てきた少女は売春によって家族を支えていた。ナガランド州のナガ人は独立闘争を続けており、絶望した少年は麻薬に溺れていた。そういう若者に出会うたびに、彼らの生まれ育った環境や彼らの家族をもっと掘り下げて知りたい、と私は思った。中国とインドの中間に位置するチベットとネパールへ行ったときも、私の関心は人の生活とその心に向いた。私は八〇〇〇メートルの山を見ても心は惹かれなかったけれど、標高六〇〇〇メートルのところに人が住んでいると、たまらなく感動した。

もしそこで生まれ育ったら、当然そこが故郷になるわけだ。誰にでも故郷がある。当たり前だけれど、故郷のない人はいない。そこにはそこの、幸せがある。そして、故郷に幸せがないことほど、つらいものはない。私はこの実感とともに一人旅を終え、ニューヨークへ行く準備をした。

人種の坩堝（るつぼ）ニューヨークに来てから、メキシコからやって来たミステコ族三兄弟が最も身近な存在になった。しかし、私がそれまでメキシコについて持っていたイメージと言えば、砂漠とサボテンとタコスと、くらいのものだ。知っていたスペイン語は「アミーゴ（友だち）」の一言のみ。唯一のメキシコ実体験は、国境の町ティファナに数時間足を踏み入れ、お土産を買い、屋台でタコスを食べたこと。遠い過去のところでは、小学校の給食に出てきた、トマトと大豆の生暖かいスープと、三角形のコーンチップだった。私の生まれ育った名古屋市は、メキシコシティと友好姉妹都市関係にあり、それは異文化紹介という名の、年に一度の学校行事だった。この異文化の味はまったく口に合わず、食べ残したことだけを覚えている。私の知っているメキシコは、このようにじつに貧相だった。

ミステコ族なんて聞いたこともなかった。だからミゲルたちと知りあった当初は、彼らの生（なま）の声が何より新鮮だった。彼らの故郷についても自然と聞きたくなった。私は一緒に働きながら、少しでも店が暇になるとミゲルたちにいろいろなことをきいて、村の様子を想像した。

周りは山ばかりであることや村が貧しいこと、家ではトウモロコシを作っていることなどは、中国の山村のようだったし、父親は牛を飼っていること、村には五人の幼い兄弟たちがいて踊りが好きなことなどは、インドでみた農村を思い出させた。長男であるミゲルが、私と同じ二十六歳だったことも、心理的にどこか惹きつけるものがあった。

「一月に村では大きな祭りがあるんだ」「バンドを呼んで、みんなで一晩中踊るのさ」「祭りは三日間続くんだよ」。聞くことすべてが興味深く、それでそれで、と私は矢継ぎばやに質問した。「祭りの様子を撮ったビデオが俺のアパートにあるから、よかったら見に来る?」。ミゲルがある日そう言った。「いいの?」「いいよ。今晩でも」。

嬉しかった。私はニューヨークにいながら、どこかほかの場所を旅しているかのようだった。

店の隣りには小さなメキシカン・バーがあり、バイトの終わった夜十一時頃から、ミゲルたちと飲みに行ったりもした。気に入ったメキシコの歌も覚えた。「これ、このあいだの曲を歌っているグループのCD。よかったら聴いていいよ」「いいの?」「いいよ」。

私はミゲルたちに会うために、バイトに行った。彼らのアパートに行くだけでなく、彼らを私のアパートに招待したりもした。ニューヨークに来て、ミステコ族の友人ができるなんて意外な収穫だ、と私は思っていた。

けれど、彼らと接するうちに、彼らと私との間には、何か大きな隔たりがあることも実感するようになった。バイトが終わったある晩、いつものように店の隣りのバーでミゲルたちと飲んでいたときのことだった。いろいろとしゃべっていたら、たまたま黒人の話題になった。彼らはいかに黒人たちが危険かということを口々に言うと、マルコンドニオは「ネグロ（黒人のことを彼らはこう呼ぶ）にナイフで刺された跡だ」と言って、突然右わき腹を私に見せた。すると、隣りのテーブルに座っていた青年も、「俺もある」と言って、同じように傷跡を私に示した。するとさらに、その隣りの青年までもが同じようにシャツをまくり上げ、傷跡を見せたのだ。こんなことが偶然にあるだろうか。ミゲルはたいしたことじゃないというような顔をしてビールを飲んでいたが、私にとってはやはり衝撃的な一夜だった。

衝撃的なことはほかにもあった。私がミゲルと働きだしたとき、彼はすでにその店で二年以上働いており、ときにはメインシェフでもあった。だから私は、調理方法やドレッシングの作り方、仕込みなどをしばしば彼から教わった。おかげで、私の時給は働きはじめた当初は五ドルという安いものであったが、徐々に六ドル、七ドルと上がっていった。けれどある日、彼のバイト代を知って私は愕然とした。二年以上働いているのに、彼の時給はずっと四ドル前後なのだ。はじめから私のほうが上だったことになる。

「別になぜって言われても……。知らないよ、そんなこと」

これがミゲルの口から出てきた言葉だった。マルコンドニオとカタリーノは、それを黙って聞いていた。

しばらくして、マルコンドニオが突然店を辞めた。「ちょっとの間、村に帰るんだ」とミゲルは言った。マルコンドニオが辞めると、店の厨房には、皿洗いとして新しいメキシコ人がすぐにやってきた。名前はラウールといい、年は三十四歳だった。驚いたことに、ラウールもまたミステコ族で、ミゲルと同じ村の出身だった。この店にやって来た経緯を聞くと、彼はこう答えた。
「店の前の通りをたまたま歩いていたらさ、ここのパトロン（雇用主）に声をかけられて、で、仕事があるって言うから」

ニューヨークという大都会の、とある料理店の厨房で、偶然故郷の友人と再会するだろうか。だがミゲルやラウールの顔を見ていると、これは偶然の再会ではなく、お互い予期していたことのように、何やら語らっている。

黒人に刺されることや給与が低いこと、それに故郷の友人と再会することなどを、当然のことのように受け取る彼らの態度こそが、私を驚かせた。いったい何人のミステコ族がニューヨークにいるのか、また、彼らがなぜニューヨークにいるのか、私にはまったくわからなかった。

ただ、道を歩いていても、地下鉄に乗っていても、ミゲルと背格好のそっくりな青年はどこにでもいた。習いはじめたばかりのスペイン語で話しかけ、相手がミステコ族であることがわかるたび、その多さに私はただただ驚くばかりだった。誰もがミゲルのように、長時間、低賃金で働いていた。ミゲルのことを知っている青年も珍しくなかった。

私はバイトの後、ミステコ族の働く店によく顔を出し、隣りのバーにも一人でよく通うようになった。そしていつしか、私は彼らの調査に本腰を入れるようになり、一部のミステコ族の間では「ミステコ族にばかり興味のあるヘンなハポネス（日本人）」として、私のことが噂されるようになっていた。私のニューヨークでの生活は、三、四カ月を過ぎたころにはすっかり、ミゲルを中心とするミステコ族についてのフィールドワーク（野外研究）で占められていた。

ちょうどそのころから、私はニューヨーク市立図書館へかよって、ミステコ族やメキシコ不法移民問題についても調べはじめた。メキシコ不法移民についての文献は山のようにあったけれど、具体的にニューヨークにいるミステコ族について調べたものは、まだ大学の論文・報告書としても存在していなかった。そのため私は、まるで処女峰を登るような気持ちで、ミステコ族を見つけては、直接いろいろと聞いた。

ミゲルには深夜十二時過ぎ、誰もいなくなったコロンビア大学内のキャンパスで、インタビューに何度か応じてもらい、たんにバイト先の友人であるだけではなく、「ミステコ族に真剣に興味のあるひとりの人間」であることを示した。コロンビア大学は、ミゲルの住んでいるアパートのすぐ近くにあり、夜でも安全で静かなため、ゆっくり話をきくには最適な場所だった。

私は、ミゲルにインタビューの意図のすべてを伝えるのはまだ無理だと思ったので、「ミステコ族ってすごく問題が多いでしょ。だから、君たちについて何か書きたいと思っていて、何か君たちの役に立ちたいんだよね」とだけ伝えることにした。

ミゲルはいつも、ふうんといった顔をして「それはいいね」とひとこと言った。彼は一度もインタビューを断らなかったし、イライラすることなくじつに真面目に答えてくれた。当時私のスペイン語の家庭教師だったペルー人のオズバルド君も、通訳としてつきあってくれた。初夏の深夜、一時二時まで、私たちの声だけがキャンパスに流れた。

一緒に働きだして半年ほど経った八月のある日、いつものように隣りで働いていたミゲルに、私は村を訪れてみたいと言った。彼は少し驚いたようすではあったが、理由も尋ねず、快く承諾してくれた。

「最近新しく家を建て替えたんだ。一階には俺の部屋があるはずだから、そこを使えばいいよ」

滞在予定は九月下旬から十月下旬までの一カ月間。出発前、私は彼のアパートへ行き、滞在中の生活費とお礼として、彼に四〇〇ドルを手渡した。ミゲルは二度ほど遠慮のそぶりをしたあと、ありがとうと礼を言って受け取った。

「ところでさ、きみがメキシコにいる間、代わりに誰が働くんだ。まさか、パトロン（雇用主）か」

まったく最悪だ、といった顔をしたミゲルは「早く帰ってこいよ」と私に言った。

＊

ビールを飲み終えた私たちは、ナサリオの車へと戻る。

車はまた禿山の横を飛ばしていく。ヤギ追いの少年を追い越す。通り過ぎる瞬間、彼は私の顔をじっと見つめた。そのまま立ちすくんだ少年は、砂煙に巻かれてすぐに見えなくなった。

しばらくするとナサリオは車を停め、こう言った。

「あれが村だ」

川向こうの左手遠方にある丘陵を指している。私はすぐさま車を降りて山腹に目を凝らす。白っぽい集落のようなものが見える。

「えっ、あれですか！」

「あれだ」

「そうですかあ！　あれですかあ！」

「そうだ、あれだ」

こんなに私が興奮していても、なぜかマリオだけが車から出てこない。私はシャッターを何枚かすばやく切って車に戻り、ドアを閉める。ここより標高のずっと高いところに村はあった。私はミゲルが言っていた言葉を思い出す。「周りは山ばかりで……」。

メキシコ南部に分布するミステコ族は、山間に暮らす少数民族である。ミゲルの村は、国内最貧州のひとつと言われているゲレロ州にある。ゲレロ州は、まず大きく七つの地区に分けられる。その中のひとつであるモンタニア（スペイン語で「山」の意）地区には、ミステコ族のほかにもナワトル族、トラパネコ族など多くの少数民族が住み、州の中でも最も貧しい地区として知られている。その名のとおり、南マドレ山脈の真上にモンタニア地区は位置し、周辺には三〇〇〇メートル級の山も多い。地区の出稼ぎ率は、州で最も高く、識字率は、最も低い。モンタニア地区はさらに細かく行政区単位に分けられており、その中のひとつであるシャルパトラウア行政区は、モンタニア地区の中でも、出稼ぎ率がさらに高いところである。

ミゲルの村は、そのシャルパトラウア行政区にある。

はにかむ家族

最後の一時間は、デコボコでくねくねした、岩が剥き出しの急な上り坂をひたすら走り、我々の車は予定どおり三時間かけて、ミゲルの村に着いた。タクシー代はすばやくマリオが支払い、ナサリオは隣り村へ戻っていった。

午後の村は、犬が一匹ほえているほかは、山村らしくいたって静かだ。砂煙にまみれ黄土色に変色してしまった荷物を、私は荷台から降ろす。と同時に、一人のまん丸な体つきをした女性が、赤ちゃんを抱きながらゆっくりとこちらに歩いてくるのが見える。他にも小さな子供が二、三人、その女性の後ろのほうでキャッ、キャッ、とはしゃいでいる。ミゲルの母と彼の幼い兄弟だろう。

マリオは、荷物を降ろし終えた私に、「さ、こっち」と、その女性と子供たちのいる方を無表情のまま目で合図をする。その先には、ひときわ目立つ派手な二階建ての家が見える。ミゲルの言っていた「新しい家」とは、どうやらあの家のようだ。一階部分のコンクリートの外壁は、地面から五〇センチくらいの所までは黄色で、あとはエメラルドグリーンに塗られている。二階はレンガ造りになっており基本色は赤、そしてレンガとレンガとの境の部分は白でふちどりがされている。あたり一帯を見渡しても、こんな派手な家は見あたらない。コンクリートが剥き出しになった灰色の家と、藁葺き小屋みたいなのがぽつりぽつりとあり、遠くに、青く塗られた民家らしき家が一軒見えるだけだ。

すべての荷物をその派手な家の玄関近くまで持っていき、マリオ一家と対面する。私は、ミゲルのお母さんと幼い兄弟たちに一人ずつ挨拶をしていく。いちばん大きな子は十歳くらいの少年。五歳くらいの少女も、母親の目をちらちら見ながら私と挨拶をする。ミゲルから聞いていたより子供の数が少ないのは、どこかに遊びにでも行っているのだろうか。誰も何もしゃべらないので、初対面の挨拶はなんともあっけなく終わってしまった。

マリオはまた「さ、こっち」とすばやく目で合図をして、新築の家に私を案内する。マリオが何だか気まずそうにして言葉をかけようとはしないのは、一緒に働きだしたころのミゲルにそっくりだ。

新築一階の居間の内壁は、ピンク一色に塗られていた。私が使わせてもらう予定の、居間の奥にあったミゲルの部屋も、全面ピンク色に塗られている。ピンク色の壁に花柄のベッドカバーと枕カバー。マリオが緑色の鉄板でできた窓を開けると、明るい光が差し込んできた。光の先には、細い鉄の骨組みに黄色いビニール製のひもを巻きつけて作った椅子と、棕櫚の葉を編んで作った白い椅子がある。食器戸棚が部屋の隅に一つある。中にはプラスチックのコップやおもちゃ、紙くず、置物などが詰め込まれていて、日本のアニメ、「ドラゴンボール」のシールが側面にペタペタ貼ってある。外も内も派手な家だ。

が、案外居心地は悪くなさそうだ。コンクリート壁は分厚くできており、外の暑さとは対照的に部屋の内部はひんやりとしていてなかなか気持ちがいい。湿度はかなり低く、乾燥している。四面すべての壁にコンセントがある。マリオが照明をつけると、買ってきたばかりのような蛍光灯は、明るい部屋をさらに明るくした。正直なところ、こんなに豪華な個室が与えられるとは思っていなかった。

「とても、いいです。ありがとう」

私がそう言っても、マリオ一家はじいっと私を見つめたままだ。

仕方がないから、私はミゲルたちから預かったものをカバンから取り出す。私の持ってきた荷物の半分は彼らからのお土産である。いちばん大きなお土産は、バスタオルに包んで持ってきたビデオデッキだ。ビデオも数本預かってきた。残りはいくつかの黒いビニール袋に入っているので、中身まではわからない。お土産を一つ一つ手にしたマリオ一家は、ようやく、そして徐々に、勢いよくしゃべりだした。私も子供たちに買ってきたお土産を手渡す。どの子もお礼も言わず、少しはにかみながら受け取っていく。すべてのお土産をひととおり見た子供たちは、さっそく真新しい服や帽子を身につけ、楽しそうに何かおしゃべりしながら隣りの居間へ行き、そのまま今度はビデオデッキの設置にとりかかった。

マリオと彼の妻は、贈られてきた写真を見ながら何やらしゃべっている。子供を想う親の顔というのは、どこへ行っても同じである。とりあえず、私がミゲルのバイト仲間だということは確認してもらえたようだ。ミゲル自身まだ見たことのないこの部屋で、これから一カ月間、彼の家族とともに生活させてもらおう。

ミステコ式の挨拶

着いた日の夕方から突然豪雨になり、その雨は一晩じゅう続いた。ミゲルが言っていたように、村はまだ雨季のようだ。

朝六時、遠くで一羽、鶏が鳴くのが聞こえる。窓を開けても濃い霧で何も見えない。外へ出てみても、木でできた粗悪な掘建て小屋が十五メートルほど先に見えるだけだ。玄関先のコンクリートの地面はびっしょりぬれており、ところどころに水たまりができている。雨水を貯めるためのドラム缶二本は、昨日の雨ですでに一杯だ。その横には洗濯板と流しが一緒になった、石でできた「洗濯台」がある。洗濯は雨水でするのだろう。溜まった雨水の表面に浮いた蚊や蛾の死骸を除けながら、とりあえず顔を洗う。流しの水が流れ落ちる先にはバナナの木が一本あり、こちらもまだしっとりとぬれている。トウモロコシ畑がうっすらと小屋の後方に見える。昨日元気に吠えていた子犬とその母犬が、玄関のすぐ横に丸まって眠っている。

「十月に入ると雨はピタリとやんで、みんないっせいにトウモロコシの収穫を始めるんだ」

そうミゲルは言っていた。子供たちも朝から畑に入り、トウモロコシの葉をむしり取り家畜に与えるなどの仕事をするそうだ。滞在中にぜひとも新トウモロコシを食してみたいものだ。イーキン（かぼちゃ）が大きく育っておいしいのもこの時期だという。

村の名前はトゥビシン。二〇〇〇メートル級の丘陵の山腹に、約五十戸が集まる小さな村だ。他村から嫁いできた四、五人のメスティソ（スペイン系白人と先住民との混血）女性以外は、全員ミステコ族である。トゥビシンはプラタナールとも言う。「プラタナール」というのは、行政上広く一般的に使われている名称であるが、ミステコ族の彼らは昔から「トゥビシン」と呼んでいる。同じようにミステコ族が住む隣り村のクーバ・リブレ、エルバ・サンダを、それぞれ「クーバ」、「キーバ」と彼らは呼んでいる。

ミステコ族はときどきミシュテコ族とも呼ばれる。スペイン語・英語で書くと、ともにMix-teco。だが、「ミステコ（ミシュテコ）」という単語すら、彼らは使わない。ミステコ語のことは「トゥサビ」といい、彼らは同様に「トゥサビ（ミステコ族）」と自称する。ちなみに、スペイン語は「トゥサア」、スペイン語のみ話す人々はたんに「エスパニョール」と呼ばれる。国としてのメキシコ合州国は「ニョ・コヨ」となる。

マリオ一家との会話はすべてトゥサビ（ミステコ語）である、と言いたいところだが、私の知っているミステコ語の単語はわずか五十足らず。しかも、発音がやたらと難しいため、実際に会話をしていてもなかなか相手にわかってもらえず、通じるのは結局三十くらいの単語である。

「ジェスチャー付き」で、なんとか約五十単語を、私は使える。発音練習の不足を今ごろ悔やんでも仕方がない。文法は語順が少しわかるぐらい。出発前、ニューヨークの図書館でミステコ語に関する本をコピーした程度であるから、練習はぶっつけ本番だ。したがって、ここでは第一外国語（第一他民族語と言ったほうが正しいが）としてのスペイン語を駆使するしかない。が、私の知っているスペイン語の単語も百程度。出発前の三カ月間、ペルー人の家庭教師オズバルド君を雇って週一回習ったにすぎない。ミゲルと何かこみいった話（例えば国境をどのように越えてきたのか）をするときは、もっぱらオズバルド君に通訳を頼み、いろいろと話を聞いた。それでも、ミゲルはスペイン語をあまりしゃべれないため、時々つまずくこともあった。ミゲルの知っているスペイン語の単語は、おそらく私の倍ほどしかないだろう。

とにかく村に通訳はいない。あとはここでミステコ語を習いつつ、ニューヨークで購入したスペイン語―英語／英語―スペイン語の辞書を地道に使うしかない。こんな語学能力だから、とりあえず誠実な態度を頼りにしよう。特に挨拶は重要だ。ちなみに、ロサンゼルスにはサポテコ語―英語／英語―サポテコ語の辞書があるらしいが、ミステコ語のものはまだないようだ。

私がマリオ一家と対面したときにしたのは、ミステコ式挨拶である。そのやり方はいたって簡単で、アメリカ人がよくする「握手」である。ただ少し違うのは、ミステコ族の彼らはお互いの手を「握る」のではなく、どちらかというと「触れ合わせる」程度にしてすませるところだ。アメリカ式握手を、握る直前で停止させると、それがミステコ式握手となる。そして、手と手を触れ合わせながら男性に対しては「クワタ」と言い、女性に対しては「クワナ」と言う。どちらも鼻にかかる感じで「タ」と「ナ」にアクセントがくる。このミステコ式挨拶は、韓国・朝鮮語の「アンニョンハセヨ」と同じように、朝・昼・晩すべて同じである。ただし握手のほうは、より形式的な挨拶のときにのみ加わるので、子供同士では、遊びのとき以外はまずしない。

朝六時半。ようやく霧の向こうに山並みが薄く見えはじめた。少しすると、二階からマリオが下りてきた。昨日のような警戒心はあまり見られない。私たちは「クワタ」と言い、ミステコ式握手をする。ミステコ語にスペイン語の単語を織り交ぜながら、玄関先でマリオと会話をする。

「コウ＝サビ（雨はあがりました）」

「コウ＝サビ（あがった）」

「ロウ＝ビシニ（少し寒いですね）」

「バア。ビシニ（そうだ。寒い）」

「ビティン、イキャ＝アセ＝ヨオ（今日、何をしますか）」

「コオ＝シンディキ（〝シンディキ〟に行く）」

「イキャ＝シンディキ（〝シンディキ〟とは何ですか）」

「ワカ（牛）」

「イイン＝コットイ＝コオ＝シンディキ＝コンティーゴ（いっしょに牛追いに行きたいのですが）」

「バア（いいとも）」

実際には、これだけの会話をするのにも五分ぐらいかかっている。その間、二階の窓からは興味津々(しんしん)といった様子で、マリオの子供たちが覗いていた。

雨の男女

ミステコ族の自称「トゥサビ」は、ミステコ語で「雨の男女」という意味である。言語学的・地質学的証拠から、この地に少なくとも二千年は住んでいるといわれるミステコ族は、周辺のトラパネコ族、ナワトル族に比べ、所有地も広く、非常に誇り高き民族であると言われている。歴史的にも、土地を守るために幾度となくいくさを繰り返してきており、世襲財産と親族を守ることに、何よりも価値を置いているという。西暦十世紀から十六世紀初頭にかけては、約二十の小王国が存在したとされ、また、「ミシュテカ文化は七世紀に起こり、ミシュテカ族は土器などの工芸に優れ、部族の歴史を絵文書に記した」（ビジュアル博物館『インディオの世界』同朋舎出版）ともある。だが、これらの王国や文化は、一五二二年のスペインによる征服により、衰亡、消滅の一途をたどった。現在では彼らは、メキシコ南部のオアハカ州北西部からプエブラ州、ゲレロ州にかけて、約四万平方キロメートルの領域に居住する農耕民族である。四万平方キロメートルとは、ちょうど北海道の半分くらいの広さにあたる。

二十一世紀に入り、出稼ぎ少数民族となった「雨の男女」の生活はどう変わり、またどう変わっていないのだろうか。

朝七時半、派手な家の前に建つ小屋の、薄暗い台所兼食卓で、マリオとともに朝食をとる。村で初めての朝食には、パンとコーヒーが出てきた。味も見た目もメロンパンのようなそれは、今朝、マリオの妻イザベルが、子供におつかいをさせて近くの雑貨屋で買ってきた。コーヒーは、村へ来る前に私がメキシコシティで購入したビン詰めのインスタントコーヒーで、まだ八割ほど残っていたのをイザベルにあげたものだ。

またマリオと会話をしてみる。とりあえず何でもいいから、私は知っていることを言ってみる。

「コウ=サビ（雨が上がりました）」

「コウ=サビ（上がった）」

「ロウ=ニンニネ（少し暑いですね）」

「ニンニネ（暑いね）」

「コットイ=コヨ=カフェ（私はコーヒーが好きです）」

「コットン=カフェ（コーヒー好きなんだ）」

マリオは、何でも私が言ったことを反射的に繰り返す。

学校へ行く準備をすませた三、四人の子供たちも「コットン=カフェ」を復唱する。この中ではいちばん大きな十一歳になる五男のファキンにも聞いてみる。

「コットン＝カフェ？（コーヒー、好き）」

ファキンは、はにかみながらもうれしそうな顔をして、「コットン＝カフェ？」と聞き返してきた。八歳の六男坊カタリーノにも「コットン＝カフェ？」と聞いてみる。彼は私のまねをするように「コットン＝カフェ？」。

するとさらに下の子供も「コットン＝カフェ？」。

ファキンも再び「コットン＝カフェ？」。

私は「バア（はい）」と答える。すると子供たちはいっせいに「コットン＝カフェ？」と復唱する。私は「バア、バア、バア」と答える。それを聞いた子供たちはさらにご満悦になり、はしゃいでいる。マリオが横から「クシュ（さ、食べて）」と、パンをもう一つ食べるよう私に勧めた。

粗悪な板壁の隙間からは、薄暗く曇った空と、その下に広がる南マドレ山脈の山並みが見える。ふだんはニューヨークの地下鉄内や駅のホームなどでコーヒーを飲んでいるから、まったく違う味がする。都会人の感覚からすると、なんだかまるで週末にハイキングでもして、山頂近くの山小屋で休憩しているみたいな気がしてくる。ことばで言えば、ここはそのとおり「山小屋」なのだ。

だが、やはりここは明らかに「山小屋」ではない。十二畳ほどの大きさのこの小屋には、メキシコの伝統的な台所用品、台所器具がずらりと、少し斜めに傾いた土床の上に置かれている。そして、裸電球ひとつが灯る小屋の囲炉裏のそばでは、さっきから無言で、妻イザベルと次男アントニオの妻エステルがトルティーヤを作っている。生まれて初めて見るトルティーヤ作りである。

入り口のすぐ左手には、トルティーヤの生地を伸ばすためのまな板のようなものが、コンクリートブロックの上に積まれている。そのまな板は石でできており、足が四本ついている。板の上には、生地を伸ばすときに使うボーリングのピンのような、中央が若干太くなった石の棒が置いてある。伸ばすときに力が入れやすいように、石の板には二〇度ほどの傾斜がついている。エプロン姿のエステルは、石のまな板の上でトルティーヤの生地を引き伸ばし、円形にしていく。石のまな板の横には、石をコンクリートで固めて六十センチほどの高さにした囲炉裏台があり、トルティーヤを焼くための丸い平皿の形をした鉄板が、その上にのっている。イザベルは、片面の焼けたトルティーヤを素手でひっくり返す。小屋の板壁にはほかにも何枚か丸い鉄板が立てかけられており、大きなものは直径七十センチ以上もある。石のまな板ももう二枚、壁ぎわに置かれている。ほかにも土床の上には、さまざまなデザイン、大きさの茶色い壷が並べられている。そして唐辛子やトマトをすりつぶすときに使う鉢とすりこぎ。これらは、メキシコ料理には欠かせないサルサを作るときに使う道具だ。

伝統的ではないものも小屋にはいっぱいある。壁じゅうに立てかけられているプラスチックのコップやアルミ製の手鍋、ビニールの買い物袋。ほかにも、水の入ったプラスチックの容器や、トウモロコシの粒をすりつぶすための電動機器が奥のほうにある。囲炉裏台の横の壁にはラジオが掛けられている。といっても村にいた一カ月間、ラジオを聴いているのを一度も目にしなかったが。

乾燥させたトウモロコシの葉なども、壁に立てかけられたり吊り下げられたりしている。天井の丸太の梁(はり)には、サヤインゲンのような豆を保存食用に乾燥させたものが、束になって吊るされている。ミステコ族文化を代表する絵文字ではないけれど、マジックで描いた花の絵も飾ってある。「MARIA」と右下すみに書かれているから、隣りに座っていた長女のマリア（十歳）に「きみが描いたの」と聞いてみると、彼女は、もうこんなに恥ずかしいことは生まれて初めて！といった感じで体をクルッと横にし、そっぽを向いた。

「ラトニ（きれいだね）」

と私が言うと、

「ラトニ」

ファキンがまたまねてきた。

「ラトニ！」

カタリーノが同時に続く。

「ラトニ＝イータ（きれいな花）」

またファキン。

「ラトニ＝イータ」

私も続けて言う。するとまた、

「ラトニ＝イータ！　ヒャッヒャッ」「ラトニ＝イータ！　キャッキャッ」「ラトニ＝イータ！　ヒャッヒャッヒャッ」……。

何がおかしいのか、子供たちはおおはしゃぎで繰り返す。マリアも笑顔でその輪に加わる。子供たちの満面の笑みとは対照的に、エステルとイザベルは、まるで何も聞こえていないかのように黙々とトルティーヤを作っている。

黄色いフリルのワンピースを着ていたマリアに、「ラトニ＝ティコト（きれいな服だね）」と言うと、彼女は、もうさっき以上に恥ずかしい！　といった感じで顔を伏せて体を小さくした。ファキンたちは気にせず「ラトニ＝ティコト！　キャッ」「ラトニ＝ティコト！　ヒャッヒャッ」……。ミゲルたちがこうして無邪気に笑うところを、ニューヨークで見たことがない。これでも同じ兄弟なのかと思うと、不思議な感じがする。

花柄の刺繍が施された布巾の中に、直径三十センチほどのできたてのトルティーヤが次々に包まれていく。パンとコーヒーの朝食のあと、すぐに二回目の朝食が出てきた。豚肉を、見るからに辛そうな真紅のソースで煮込んだスープ。それにトルティーヤ。コーラも一本ついてきた。マリオは「クーシュ、クーシュ（さ、食べて、食べて）」と私に勧める。子供たちも、二回目の朝食をいつものことのように摂（と）っている。

ミゲルによれば、ほんの去年までは、この小屋に一家全員で暮らしていたそうだ。村にはまだ何軒かこういった小屋が点在している。そのほとんどは、マリオ一家のところのように台所兼食卓として使われている。

小屋の柱と梁は細めの丸太で組んであり、壁は平たい薪程度のものを棕櫚の葉で縛って作られている。すきま風がほどよく心地よい。棕櫚の葉で屋根が葺いてあるため、こういった小屋は一般的に「カサ・デ・パルマ（棕櫚の家）」と呼ばれている。そういえば、「（ミゲルの家のカサ・デ・パルマは）十一年ほど前、父がひとりで建てた」と、ミゲルは「ひとりで」のところを強調して言っていた。彼に「建て方を知ってるの」ときくと、「とんでもない。そんなの知らないよ」と否定した。

そして今年、小屋の向かいに新築二階建ての鉄筋コンクリートの家が建った。総工費は六五〇〇ドル。まだ支払いは終わっていない。新築の家にはテレビ、冷蔵庫、電話二台のほかに、ガスコンロもある。私がニューヨークに戻ると、「あれ（カサ・デ・パルマ）は来年には取り壊すと思うよ」とミゲルは言った。

朝の水場

マリオは食べているときでも、何か深く考え込んでいるような、哲学者のような顔をしている。

よく言えば寡黙で、悪く言えば何を考えているのか分からない。緊張感というより、警戒心を持って相手を見ているところがある。異国人である私とどう接していいのかわからないということもあるだろう。そもそも、客人を迎え入れたことすらないのだろう。お互い、まだ手探りの状態なのだ。

背は私より十センチ以上低い。私は彼を、ほとんど見下ろすようなかっこうになる。が、胸板は厚く、全身日に焼けて赤黒い。野良仕事を物語るごつい手、泥だらけのサンダルからのぞくひび割れたかかと、少しとがった頬骨にボサボサの髪、そしてメキシコ人特有の口ひげ。

ただなんとなくわかるのは、ミゲル同様、父マリオもいたって真面目なようだということだ。というより、ミゲルが父に似ているのだろう。ミゲルは本当によく仕事をする。「少し休めば」と私が言っても、「仕事が好きなんだ」とくる。きっと父のマリオは、それに輪をかけて「仕事が好き」なのだろう。今朝、マリオは牛追いをすると言っていた。トウモロコシの収穫までまだ少しある今は、彼の職種はとりあえず牛追いである。友人ミゲルの父の仕事ぶりが見られるというのは、けっこう感慨深いものがある。

朝八時過ぎ。豪勢な朝食をようやくとり終えた子供たちは、学校へと出かけて行った。マリオもまた仕事に出かける用意をする。水色のよれよれのワイシャツを着て、ソンブレロ（棕櫚を編んで作った帽子）をかぶって、マリオは新築の家から出てきた。家の横には、昨日から低木につながれた馬が二頭、こちらを向いて立っている。マリオはひもを解いてやると、またいつものように「さ、こっち」と目で私に合図をする。牛とロバが見あたらないのでどこにいるのかと聞くと、「チカー（あっち）」と言って遠くのほうを指さす。

「チカー？（あっちですか）」

「シーカネガ？（遠いですか）」

「シーカネガ（遠い）」

牛とロバは、昨日から放牧地のほうにつないであるという。

放たれた馬二頭は、薄紫色のマルヴァストルム・ラテリトゥム（アオイ科。ペルー原産の多年草）の咲き乱れる三十メートルほどの坂を、一気に駆け足であがっていく。マリオと私も駆け足で追う。登校途中の小さな子供たちが、珍しそうな目で私たちを見ていく。「クワタ」と言うと「クワタ！」と叫んで笑いを堪えながら駆け出す男の子たち。女の子は逃げるように私を避けてすれ違っていく。もっと小さい幼稚園児ぐらいの子供たちは、二十メートルほど先で私を見つめており、目が合うとすばやく電柱の後ろや家屋の壁に隠れ、またじっと私を見る。

村の中心にあるバスケットコートを右手に過ぎ、村を横切って北側の谷間へと続く細い下り坂を、馬とマリオは下りていく。

中年の婦人が衣類の入ったバケツを片手に坂を上ってきた。「クワナ」「クワタ」と、マリオとその婦人は挨拶を交わす。「あ、私の息子の仕事先の友人が昨日訪れまして」などといって私を紹介するのかと思ったが、彼は挨拶だけして通り過ぎてしまった。途中、岩ばかりの階段のような坂で、今度は初老の女性がロバを連れてゆっくりと上がってきた。また「クワナ」「クワタ」と挨拶が交わされる。それ以上の会話はない。

十五分ほどかかって谷間を降りると、そこには水場があった。水の落ちる音が沢のほうから聞こえてくる。水場の大きさは縦二メートル、横四メートルぐらい。深さはひざ下ほど。岩に囲まれており、露天風呂のようだ。朝から村の女性たちが四、五人、静かに洗濯をしている。マリオはまた「クワナ」と言い、女性たちは「クワタ」と挨拶をする。マリオはこうして会う人全員に挨拶していく。

この村にはまだ水道はないという。井戸もないため、村人はこうした岩清水と雨水に頼って生活している。洗濯をしている女性たちが、みな一様に緑色のプラスチック容器に入った洗剤を使っているのは、それしか売っていないからだろう。湧き出る水量はあまり多くないのか、水場全体がすでに泡だらけだ。奥の方の岩は苔と洗剤にまみれ、青緑色のドロドロしたものがべっとりくっついている。岩の上には十歳くらいの少女が一人、服を着たままこちらも泡だらけになって体を洗っている。服を洗うついでに体も洗っているのか、それともその逆か。マリオと私と二頭の馬は、その露天風呂からあふれ出てできた小川を石づたいに跳び越える。プラスチック製の買い物袋や緑色の洗剤の容器が、泡だらけの小川のあちらこちらに捨てられている。

水場のすぐ横の岩陰からは、プラスチック製の黒くて細いパイプが一本垂れ出ており、そこからはかなり勢いよく水が飛び出している。少女が一人、ロバの鞍のでっぱりのところに、大きなものでは三十リットルはあるであろう大小さまざまなプラスチック容器を五、六個引っ掛け、水を汲みに来ている。私と目が合うと、彼女は恥ずかしそうにそっぽを向いた。その少女の後ろには、初老の女性が馬を連れて待っている。鞍のところには、やはりプラスチックのタンクがいくつも吊り下げられている。マリオがまた「クワナ」と、その初老の女性に挨拶をする。女性もまた「クワタ」と返す。

この水は主に、水浴・料理・食器洗いに使われている水で、飲用水としても利用しているそうだ。そしてここで、日常使うすべての水を確保する。昨日豪雨が降ったからこれほど水が勢いよく出ているのかと思ったが、そうではないと言う。一年中、乾季でも常にこうして水は出るそうだ。

まだ九時前だというのにかなり蒸し暑い。水場の周りにはサルビアやノアサガオの花が咲き、子供たちはその横のライムの木に登って遊んでいる。どこかに実がなっているらしく、枝をゆすったり、石を投げたりと、四人がかりで奮闘している。柑橘系の樹木の中でも、ライムやレモンの木枝はしなり具合が抜群にいいため、登りがいもある。ミゲルは「ライムジュースは特別なおやつだった」と言っていたから、彼もこの木に登っていたにちがいない。日本のさびれた公園によくあるような、老朽化が進みいつ壊れてもおかしくない危険な遊具に比べると、ライムの木はずっと安全で楽しい。ミゲルたちは今でもたまに、仕事中にレモンを齧(かじ)っている。こうした習慣のおかげで、村は壊血病とも無縁だ。マリオはまた「さ、こっち」と目で言うと、今度は急な上り坂を上がっていく。

ところどころに蒼いノアサガオや黄色いヒメコスモスの花が咲き、乾燥した大地を彩っている。坂を十五分ほど上がったところにある沢には、また水場があった。岩清水の露天風呂ふうであるのに変わりはないが、こちらはさきほどの場所より水量が少なく、黄土色に濁っている。縦三メートル、横二メートルくらいの楕円形で、水の深さは深いところでも二十センチほど。その水たまりのようなところに、黒いパイプの端が七本浸かっている。パイプは我々が今上がってきた坂へと続いている。これら七本のパイプは、村の七軒の家に水を運んでいる。うち一本は、マリオの家へと続いている。しかしこれだけの水量で、しかも濁っていては利用価値などほとんどないだろう。マリオの二頭の馬はその水たまりへと入っていき、勢いよく水を飲みはじめた。

村のほうから何かの放送が聞こえてきた。ミステコ語ではなく、スペイン語で何か言っている。聞き取ろうとしても、何を言っているのかさっぱりわからない。何と言っているのかとマリオに聞くと、「あれはニューヨークから電話が入ったことを知らせる放送だ」と言った。ほとんどの村人は電話を持っていない。そのため、こうしてまず村じゅうに響き渡る音量で呼び出し放送をし、呼び出された者はその後、電話塔のところへ行き、再度かかってくるまで待つ、ということになっているそうだ。つまりその放送は「××さん、電話でーす！　××さん、電話でーす！」と、トゥビシン村の「着信音」の役割を果たしているわけだ。

その後、村にいる間、この「着信音」は学校のチャイムのように朝から夕方までしょっちゅう聞こえてきた。村には一日に平均五回ほど電話があり、約六割がニューヨークからだ。計算すると毎月一〇〇回ほどニューヨークから電話がかかってくることになる。マリオは自分の家に二台電話を持っているから「着信音」に注意を払う必要はない。

この水源から沢をV字にまた上がったところに、マリオ自身の家畜をつなぎとめておく場所がある。こういった場所は、村人たちの暗黙の了解として個人個人で持っているそうだ。

午前九時すぎ、小さな原っぱのようなところに到着。ここがマリオの「停牛所」だ。ロバ三頭と牛四頭が低木につながれている。マリオは一頭ずつひもを解きはじめる。これで村から連れてきた馬二頭を合わせて全九頭、彼はすべて一緒に放牧するつもりらしい。なかなか歩き出そうとしない一頭の牛の尻に、彼は小石をひとつぶつけた。

ゲレロ州は昔から放牧が盛んなことで知られており、ここモンタニア地区は特に多い。牛に関して言えば、約六万頭（一九九三年）が飼われている。特に、貧しい先住民の農夫にとって、家畜を持つことは、次世代への財産相続と同時に、非常時の食糧としての村に対する社会的義務でもある。

マリオの停牛所からは、ひとつの谷間を挟み、細長い丘陵にのっかっている村が見える。村のすぐ上空にはまだ靄（もや）がかかり、教会のひときわ大きなコンクリート壁がずしりと丘陵の先端部分に建っている。

村の牧草地は共有地であるが、村人たちの間では、個人的にそれぞれの放牧地を決めあっている。マリオの放牧地は上部の水源から北へ約一時間、なだらかな稜線を二つ越えたところにある。

マリオの放牧

国連開発計画が一九九三年三月に出した『メキシコ：三つの重要生態域における、総合的な生態系管理』というレポートによれば、モンタニア地区は、「太平洋熱帯乾燥森林と、南マドレ山脈に広がる松・オーク森林とに代表される、世界的にみてもきわめて重要な生態系が分布する地域であり、（中略）熱帯乾燥森林を含むこの地域特有の植物の群落や生物の多様性を、守ってきている。（中略）丘の上にはウバメガシ（ブナ科）の小森が散らばり、峡谷には河辺植生が広がり、アカンサス（和名ハアザミ）森林や山岳雲霧林といったユニークな地域もある」。

緩やかな坂には、小さな黄色い花（サンウィタリア＝キク科。メキシコ原産）の咲き乱れる花畑が広がっている。すぐ近くには高さ三メートルにまで成長したティトニア・フルティユサ（キク科一年草。メキシコ原産）の黄色い花の群生もある。ポインセチアやコスモスなどメキシコ高原原産の花は数知れない。見たこともない野草も無数にある。高山植物図鑑があればさぞかし楽しいにちがいないこの丘陵が、マリオの仕事場である。もっとも、マリオに花の名前をきいても「イータ＝ニャコア（黄色い花）」とか「イータ＝コア（赤い花）」という返事しかかえってこない。私にとっては珍しい草花も、マリオにとってはその辺の道ばたに落ちている空き缶程度の存在だ。

牛たちは、花など無視してすでに草をボリボリ食いはじめている。ロバもそれぞれ好きかってな方向に歩きながら、草をムシャムシャ食っている。放牧地に着いたマリオはまず、枯れて茶色くなりかけた棕櫚の葉を茎ごと引っこ抜いた。次に、その茎をのこぎりのように使い、まだ若い棕櫚の葉と茎との間を切り始める。棕櫚の茎はちょうどのこぎりのようにぎざぎざになっているため、繊維質の棕櫚の茎でも簡単に切れてしまう。そして今度は、その切り取った棕櫚の葉から細長い葉を二本そぎ取って、それらの両端を結び、マリオは長さ一メートルほどの一本のひもを作った。

そのひもを片手に彼は「どうどう」と低い声で繰り返しながら、色の濃いほうの馬へと近づいていき、その前足をひもで縛ってしまった。馬は窮屈そうに縛られた前足を高く振り上げている。これで牛のようにのろい馬の完成だ。マリオはこともなげに、さ、次へいこう、といった様子だ。これはその後わかったことだが、マリオは常に、その色の濃いやんちゃなほうの馬の前足を縛る。これは何もマリオだけに限ったことではない。一人ではめんどうを見きれない場合、村人たちはこうして馬やロバの前足を縛る。家畜の前足を縛ることを、ミステコ語で「マニニャ」という。

けさ水を飲んだ二頭の馬をそのままにし、マリオはロバと牛をさらに北へ北へと誘導していく。そして丘陵のいちばん奥の急な谷間へと下りていく。垂れた糸のように細くて急な坂道を、ロバと牛は一列になりけっこう勢いよく下っていく。私も、低木が生い茂る坂道を滑り落ちないよう幹や根につかまりながら、低い体勢で下りていく。

三十分ほど下りたところには、また別の水場があった。日が当たらないためか、牧草地に比べると湿気も強くじめじめしている。私は岩の上で腰をかがめ、牛が真横で水を飲み終わるのを待つ。

「シンディキ＝カンノニ（牛は大きいですね）」

「カンノニ（大きい）」

「シンディキ＝ダチナニ？（牛の名前は）」

「ゴニャア（ない）」

「グロ＝ダチナニ？（ロバの名前は）」

「ゴニャア（ない）」

家畜に名前など付けないのか。するとマリオは「ネグロ（黒）」と一頭だけ黒い牛を指さしてひとこと言った。

「ネグロ？（クロですか）」

「バア。ネグロ（そうだ。クロだ）」

牛とロバは水面を舐めるようにして、わずか五分ほどで水を飲み終えた。水を飲ませたマリオは、もと来た谷間をまた一列に上りはじめる。牛はときどき急な坂に足を取られ躓（つまず）きながら、マ

牛のうしろにつき、坂を上がっていくマリオ

リオに後ろからこづかれつつ、のっしのっしと一歩ずつ坂を上がっていく。

放牧地に戻ると、馬がまだ足を縛られた場所近くにいて、草を食べていた。ロバや牛もボリボリと草を食べながら適当に歩き回る。二〇〇メートルほど離れたところから、少年が一人手を振っている。少年のそばには牛が二頭見える。彼はもう牛に水を飲ませたのだろうか。

その後マリオはロバや牛や馬に任せながらだらだらと歩き、九頭のめんどうを二時ごろまでみた。そして馬のひもを解いてやり、もと来た道をゆっくりと戻っていく。馬かロバのどちらかを、水汲み用に家まで連れて帰り、残りの家畜は放牧地と上部の水源との間にある、いつもの「停牛所」につないでおく。帰り道マリオは、ミステコ語で「ディバシューシャン」と呼ばれている香草を見つけ、摘みはじめた。妻イザベルの好物だという。私も少し食べてみる。コリアンダー（香草の一種。セリ科の一年草）に香りは似ている。「ヤーシィ（おいしいです）」。私がそう言うと、マリオは私をちらっと見て、またディバシューシャンを探した。

それにしても、放牧とはなんと楽な仕事なのだろう。ほとんど休憩らしい休憩すらとらず厨房で働き続けるミゲルと比べると、仕事量が足りないような気がどうしてもしてしまう。その後三日間マリオの放牧についていったが、いつも単調でのんびりした労働で、私は何だか拍子抜けしてしまった。これが本当に誇り高き民族なのだろうか。放牧を終えた午後は、音楽を聴きながら夫婦二人でおしゃべりをして、いつものように、お互いの頭の「毛繕い」をする。トウモロコシの収穫までまだ一カ月ある今は、これがマリオにとって唯一の仕事らしい仕事だ。

出稼ぎ労働者たち

二十一歳になってすぐの一九九五年九月ごろ、私は出稼ぎ労働者と働いていた。オーストラリア南部のビクトリア州にあるミルドゥーラという、人口四万四〇〇〇人の町から、車で二〜三時間のところにある果樹農園で、私はピッカー（野菜や果実を捥ぐ仕事をする人）をして生活していた。そこでは、栽培面積順でいうと、オレンジ、グレープフルーツ、レモン、みかんの四種類の柑橘系の果物を栽培していた。とくにグレープフルーツは、日本の会社「伊藤園」が販売していた缶入りのグレープフルーツジュースの原料になるもので、ギリシャ系移民の農園主は、京都で体験したゲイシャ遊びの話をよく私にした。

当時その農園で働いていたピッカーは、私とケビンの二人だけだった。ケビンは六十歳近くて、髪だけでなくひげも白くなりかけていた。なんだかキツネに風貌が似ている彼は、いつも同じ薄緑色っぽいセーターに紺色のズボンという格好で、しょっちゅうタバコをくわえていた。めったに笑わなかったが、怒ることも決してなかった。物静かで真面目な感じの人だったから、仕事はとてもしやすかった。

朝の六時から夕方日が暮れるころまで、日曜以外の週六日、私はケビンと二人だけで黙々とハシゴに登り、オレンジなどを穫り続けた。休憩のときは、これでもオレンジなのか、というくらい大きなオレンジを穫ってきて、皮を剥いてそのまま丸かじりにした。みずみずしいオレンジのうまさに私はうなりながら、タバコをふかして一服するケビンといろいろな話をした。お互いほかにしゃべる相手もいなかった。けれど、当時まだ私は英会話に慣れていなかったから、ケビンの言っていることは半分わかったような、わからないような感じだった。そのため、四十も年の離れたケビンと毎日何をしゃべっていたのか、私はほとんど記憶にないが、彼がこう言ったことだけは、なぜか今でも覚えている。

「戦争が終わって実家に戻ってみると、自分の土地がなくなっていたんだ」

なぜそうなったのか、またその後どんな人生をたどってきたのか、ケビンはしゃべったかもしれない。いや、確かに語っていたような気がするけれど、私にはその内容はまったく記憶にない。とにかくケビンは、私と同じピッカーをやっていて、一家で農園を渡り歩く、いわゆる季節労働者だった。私はそこで初めて出稼ぎ労働者と一緒に働いた。日本ではできない仕事を求めてたまたまこの農園に来た私も、ある種の出稼ぎ労働者ではあったが、根本的なところでケビンとは違っていた。ケビンには帰る家というものがなかった。

彼には妻と長女、それに長男がおり、給与は私と同額だから、食べていくだけで精いっぱいだっただろう。月給にすると、日本円で十万円程度だっただろうか。私もお金は切り詰めていたから、その辺に生えているアスパラガスを取ってパスタの具にしたりしていたけれど、ケビンほど苦しくないのは明らかだった。ケビンは仕事の後、よく野ウサギ狩りに連れて行ってくれた。彼のポンコツ車で、農園をぐるりと一周する。いつもケビンが先にウサギを見つけた。そして、巣に入らずに静止している野ウサギの姿を私がようやく確認するやいなや、銃声も鳴った。彼の狩猟の腕はなかなかのもので、車の後部座席はたちまち撃ち殺された野ウサギの死体で埋まった。ひと昔前までカンガルーも撃って食っていたそうだ。

まん丸に太った色白で小柄なローズマリーという名のケビンの妻は、ケビンに輪をかけてタバコばかり吸っていた。ローズマリーに瓜二つの高校生ぐらいの長女は、学校へ通っていなかった。入学すらしていない感じだった。そして、これまたケビンそっくりの中学生の長男は、駄々をこねてばかりいて、幼児のように指をくわえるのが癖だった。ケビンを除いて、とにかくみな愚痴ばかり言っている家族だった。

愚痴の多くは、しばしば私にも向けられた。愚痴の細かな内容については今では知る由もないが、とにかく、私が疎ましい存在に映っていたことだけは確かだった。特に長女は、給与が父ケビンと私とに二分されるのがいやでいやで仕方がない様子だった。けれどピッカーの仕事は体力勝負なので、小柄な彼女には無理だった。それに出来高払いだったから、ケビン一人だったとしても、ケビンの給与は同じだった。今思えば、彼女が本当にいやだったのは、自由に働く私の姿だったのだろう。彼らにとっては貧困の象徴であるオレンジを、私はがむしゃらに一生懸命とっていたのだった。

結局ケビン一家は、寒さのやわらぎだした十一月、とつぜん農場を去っていった。ケビンとは別れの挨拶もしなかった。車の天井にはしごをくくりつけて去っていくケビン一家のポンコツ車を、私はこのあいだまでケビンが運転していたトラクターの席から見送った。私の心には、ぽっかりと穴が開いていた。ケビンが何を考えて仕事をしていたのか、私は何一つ知らなかったことに、はじめて気がついたからだった。

私が少数民族の出稼ぎを初めて具体的に知ったのは、二十五歳のとき、中国・貴州省のヤオ族の村を訪れたときだ。この村には三回訪れ、短い期間ではあったが、計二週間ほど村長一家の家に滞在した。鍬(くわ)で慣れない芋掘りをし、鎌で稲刈りをし、三食ごちそうになった。

最初は「とんだお荷物が来た」といった感じだったが、ある日の夕方、故障していた懐中電灯を私が修理したとき、はじめて村長はうれしそうな顔を見せた。その晩、丈の非常に長い、腰から裾にかけて大きく切れ目の入った藍染のワンピースを、村長夫人が出してきた。絞りはなく、深い藍色の素朴な染物だった。彼女は、十九歳の長男と共に私にそれを着せるとこう言った。

「結婚するときに着せるんです」

まだ幼い長女とそのいとこは、居間にあった小さな白黒テレビを見ながらも、クスクス笑った。夫人がその横で、我々が脱いだその服を大事そうにたたみ直す。彼女が幸福になれるかどうかは、長男がいつの日かこの民族衣装を着られるかどうかにかかっている、彼女の手つきは、そう物語っていた。その晩、焼酎で一家と乾杯し、新米のもち米をご馳走になって、特別な民族衣装で記念写真まで撮って、私は感謝の気持ちでいっぱいだった。

それからというもの私が急に親しみを感じはじめたその長男は、一方で、そんな私の気持ちにはおかまいなく、「人民解放軍へまた一年間〝出稼ぎ〟に行こうか、どうしようか」という選択に悩んでいた。「十七のときに一年間行った経験がある」と言った。それしかてっとりばやい現金収入源はなかった。部屋の隅には、そのとき履いていた軍隊の靴がボロボロになったままほうってあった。

「我慢すれば百元手に入るし……」

彼はそうつぶやいた。筋肉隆々の彼の肩を見ていると、とてももったいないような気がした。軍隊はどう考えても場違いだと思った。鍬を振り下ろすときの彼の姿は、偉観ですらあった。村が貧困であるのは悲しい現実だ。けれど、働き者の村の青年が、なぜある日突然、一兵士にならなければいけないのか。こちらのほうが、本当に悲しいことのように思えた。

畑仕事がないとき、彼は暇そうにして、前の週に私が町で買ってきた新聞をいつまでもぼんやりと見ていた。反対に、父親は常に活発に動いていた。村長であったから、事務的な仕事もあったが、一家の大黒柱としての仕事がやはり主なものだった。

「家は男一人で建てるもの。私の父も一人で建てた。だから、私も建てた」。そう村長は言った。真新しくて、戸と金具がすれてギーギーいう。家具はまだ何も入っていないけれど、ねずみに食われないようにサツマイモは床下収納庫に保存してある。煙草の葉がぎっしり保管された小屋も表にある。馬の世話も男の仕事だ。現金を稼ぎに外へ出るのか、それとも村に残って大黒柱をうけつぐのか、その後彼はどちらの道を選んだのだろうか。

ミャオ族の村、ゴージャ族の村、そしてヤオ族の村……。私は貴州省のいくつもの村で、男手の必要な稲の刈り入れのとき、村を離れた息子たちに代わって働いた。私の頭の中には、長男の言った「我慢すれば……」という言葉だけが残っていた。

あれからちょうど一年がたち、私はいま、メキシコ、ゲレロ州のミステコ族の村にいる。ここの若者も「我慢すれば……」と言って、村を去っていったのだろう。村に残された者たちと、私はまた働こうとしている。

子供の仕事は退屈だ

マリオ・イザベル夫妻には七男二女、合わせて九人の子供がいる。村では比較的子供の多いほうだ。ミゲルは二十六歳の長男で、三年間ニューヨークにいる。以前三年半いたから、計六年半になる。次男アントニオは二十二歳で、ニューヨーク歴は四年になる。二十歳の三男マルコンドニオは、三年間いる。アントニオとマルコンドニオは、ブロードウェイ六四丁目のアメリカ料理店で働いている。昼間働いているアントニオは、野菜を切るなどの仕込みをしており、夕方から深夜にかけて働いているマルコンドニオは、同じ厨房で皿洗いをしている。ミゲルと私の働く店では、十七歳の四男のカタリーノも一緒に働いている。彼がニューヨークに来て、はや二年近くが過ぎた。

マリオの七人の息子のうち、こうして上から四人までが、ニューヨークで働いている。四人の一週間の労働時間は合計二二〇時間（ミゲル五八時間。アントニオ四八時間。マルコンドニオ四八時間。カタリーノ六六時間）。彼らがニューヨークに出稼ぎに来るまで、マリオは牛一頭持っていなかった。持っていたのはロバ一頭のみだ。息子四人が稼いだ金により牛と馬を手に入れ、こうしてマリオは放牧に出かけることができる。

マリオの仕事は週休二日である。土曜と日曜は、代わりに十一歳の五男ファキンと八歳の六男アルフォンソが担当する。次の土曜日、さっそく彼らの放牧にも同行した。いとこで七歳のセネイドもついてきた。ファキンはニューヨーク・ヤンキースの帽子をかぶり、アルフォンソは胸にマンハッタンのビル群を描いたTシャツを着ている。チレ（サルビアの一種）の蜜を吸いながら、

左からファキン、セネイド、アルフォンソ

ファキンたちはひょいひょいと水場へ続く急な坂を降りていく。ロバや馬はとっくにその先を行っている。

ロバや牛がボリボリ草を食っている光景など面白くもなんともない。かったるくてやってられるか――。

これが彼らの放牧に対する共通の気持ちだ。要はいかに時間をつぶすかだ。マリオがいつも行く放牧地まで行かずに、三分の二ぐらい行ったところで止まり、「ここでいいよ」。ロバや牛がのんびり草をほおばる光景を目にすると、ま、ここでもいいのかな、なんて私ものんびり考えてしまう。

一応念のために「もっと奥まで行かなくてもいいの」ときいてみる。

「いいよ、いいよ。今日はここで」

ファキンは即答する。そして、私のカメラとテープレコーダーを「ちょっと貸してほしいなあ」。アルフォンソも私の隣りにべったりくっついてきた。セネイドもその横でニコニコしている。白や黄色のジニアリネアリスの花が咲き乱れる原っぱで、仕方なくカメラで何枚か彼らに写真を撮らせ、テープレコーダーで彼らの声を録音して聞かせる。

「アー、アー。ウェイ、ウェイ。コモスタ、コモスタ……」

はじめて見る機能だ！　といった顔をして、もう一回やってくれ、とせがんできた。

「アー、アー、バア＝ビティン。ウェイ！　ウェイ！　タシャブン。ブエノ！　ブエノ！……」

彼らはスペイン語で吹き込み、私だけがミステコ語を喋っている。「もう一回！　もう一回！」。彼らが人見知りをしたのは、初日対面した最初の五分間だけだった。彼らはほんとうに人なっこい。私のミステコ語とスペイン語の力は、少なくとも語彙力に関しては、おかげでグングン伸びている。

ファキンは、少し目を放したすきに見当たらなくなったロバ三頭を連れ戻してくるようアルフォンソに言いつけると、自分は一人で腰を下ろし、けさ雑貨屋で買ったガムとゼリーをポケットから取り出して食べはじめた。ファキンはなにやら、このあいだは俺が行ったから今度はお前の番だ、というようなことを言っている。アルフォンソは駄々をこねるように不平を言うが、三つも上の兄には逆らえない。ついに彼は半分泣きっ面でロバを探しに行った。セネイドはファキンの隣りに座って、相変わらずニコニコしている。

ロバを探しにいったはずのアルフォンソがわずか二分で戻ってきた。しかも、もうロバを見つけて連れ戻してきた。聞くとすぐそこの低木の向こう側にいただけだったのだ。アルフォンソはファキンからガムをひとつもらうが、ふくれっつらをしたままファキンを睨みつけている。セネイドもガムをひとつもらい、こちらはいつまでもニコニコ顔をしている。

ファキンはさっさとゼリーを平らげると、今度はポリ（山葡萄の類）を採りに行くといった。アルフォンソとセネイドもすばやくファキンについていく。年上のファキンが、ここではすべての行動の指揮をとる。実りの時期を過ぎていたが、少し乾燥しかけたポリをつまんでかじっている。渋みばかりで甘さはほとんどないが、彼らにとっては昔から何よりの好物だ。まだまだ日は高い。木登りでもするか、ディバシューシャン（香草の一種）でも摘みにいくか……。

アルフォンソとセネイドは、乾燥しきったポリをお互いに投げつけて遊んでいる。目下ファキンの最大の楽しみは、雑貨店を営むセシルおじさんの家でやるコンピューターゲームか、家でのビデオ鑑賞だ。居間に置かれたコンピューターゲームは有料で、五ペソで十五分間できる。学校から家に帰るとまず、彼は必ずテレビのスイッチを入れる。そして冷蔵庫からコーラをとりだして駄菓子の袋を開ける。それらをもってテレビの前に座る。ファキンは日本の平均的な子供となんら変わらない。

子供にとって放牧とは、犬の散歩のようにかったるい拘束時間だ。九頭すべてを連れて歩くときは、遊び感覚でないとやってられない。ファキンは比較的従順なロバの背に乗って、馬と牛の後ろにつく。のろい馬には、すばやくロバから飛び降りて容赦なく石をぶつける。顔だろうが尻だろうがおかまいなしだ。ほとんど遊び半分にぶつけている。アルフォンソとセネイドも、同じように石を投げつける。文字どおり道草を食っているやつは、石の集中砲火を浴びる。そうすると、少しはましなのろさになる。敏感なやつは、こちらが腰をかがめて石を拾うまねをするだけで、早足になって前のやつのケツを「急げ！　急げ！」というように頭突く。ファキンは、雑貨屋で買った爆竹を家畜に投げつけることもよくあった。

子供たちはどの動物に対しても同じような態度だ。十六歳のセルソは、坂道をもたもた歩いているロバの尻を渾身の力で殴ってみせた。ボクシングの真似らしい。薪をやまほど背負っているのだから、ロバも早く家路につきたいはずだ。こうした「からかい」は、子供の動物に対する扱い方にはつきもののようだ。

ニューヨークにはドッグウォーカーという職業がある。飼い主の代わりに犬を散歩させる仕事だ。自分のペットの散歩すら他人に頼まなければならないほど忙しいのか、たんに散歩嫌いな愛犬家なのかはいざ知らず、このドッグウォーカーはニューヨークのいたるところで見うけられる。これで生計を立てている人も珍しくない。近い将来、この村にも「オックス（牡牛）ウォーカー」なるものが現れるかもしれない。

村の老人、フィデルの家ではティオ（七面鳥の一種。Mexican Wild Turkey）を飼っている。ティオは鶏の何倍も、いや何十倍も高価だ。容姿も華麗でダンスもうまい、憧れの家畜の代表格だ。味も鶏肉よりうまい。昔は手に入れることなど想像すらできなかった家畜である。貧しかった日日を鮮明に覚えているフィデルにとって、村は近年、劇的に大変身した。今やティオまでが家にいる。

それでも、老いてゆく日々、老人には一つ、とても悲しいことがあった。それは、八歳になる孫のホセが、ティオに毎日石を投げつけて遊ぶことだった。ティオに傷をつけて平気でいる孫の姿を見るたびに、老人は泣いていたそうだ。二〇〇二年の春、老人は息をひきとった。七十三歳だった。ホセの父はニューヨークへ出稼ぎに行っていて留守だった。

マリオの家では一匹の子犬を飼っている。ビチョンという渾名で呼ばれている遊び盛りのその子犬は、しょっちゅう台所小屋に入ってくる。そして、小屋に入ってくるたびに腹を蹴り上げられる。母親のイザベルもファキンもアルフォンソもみな蹴る。ビチョンは、毎日おそらく三十回は蹴られている。犬をなでることなど決してない。しつけをすることもしない。村には半分のら犬状態の犬がいつもたむろしている。

結局村にいた一カ月間、私は一度として動物を「かわいがる」村人の姿を見なかった。かといって、労働力として厳しく扱っているというわけでもなかった。こんにち、村人に飼われている動物は、退屈な余暇を過ごす仲間に成り下がっている。——のろのろしていないで何か面白いことでもしろよ。

贅沢な家畜

銀行にお金を預ければ、微々たるものだがそれなりに利子がつく。農耕民にとって家畜は貴重な財産だから少しずつ大事に育てる。中国の貴州省の農村などでは、サツマイモの葉や茎を水に浸して刻んだものを豚に与え、農民たちは自家製芋焼酎を作っている。豚肉はめったに食べられるものではないけれど、唐辛子やしょうがをたっぷり入れたアツアツの鍋にして食うと、暑さ寒さも吹き飛んでしまう。栄養面から言うと、豚の餌はトウモロコシなどを与えたほうが「利子」は多く早くつくけれど、だからといってどこかのグローバル企業が中国僻地の農村部にまで行って、自国で余ったトウモロコシをどんどん売りさばいてよいかといったら、これは別の話である。資本家の「利子」としてはよいだろうけれど。

この村でもそういったささやかな合理性はある。トウモロコシの葉と茎は馬とロバの餌になる。といっても葉と茎が食べられるのは収穫期だけだ。ふだんは牧草地で腹いっぱい草を食べ、薪をたんまり背負って帰ってくる。家畜だってご飯を食べたらそれなりに仕事をしなくてはいけない。

だが、食うばかりでちっとも仕事をしない家畜というのはどうだろうか。そんな悩みの種がマリオの家にはいる。小屋の壁沿いの土の上にいつも寝そべっている四頭の猪豚である。二頭は雄で、もう二頭は雌だ。マリオにとってこれら四頭の猪豚は百害あって一利なしの存在だ。少なくとも畜産業など知らない村人たちはそう考えている。

「こいつらはノニ（トウモロコシの粒）を食うばかりで、まったく仕事をしない」

そう言うが早いか、マリオは次の日、業者に頼んで四頭の猪豚の去勢をした。といっても彼は放牧に出かけ、私が猪豚の手足を縛りつけ手術の助手をするはめになってしまったのだが。

午後二時過ぎ、晴天の空の下、手術は開始された。最初に選ばれたのは、大きな雌だ。まず、手足をロープで縛り、木の枝に逆立ちの宙ぶらりん状態につるし上げる。次に、木炭で熱したカミソリで局部を切り裂き、親指、人差し指、中指の三本を使って手探りで中から卵巣を取り出す。切り裂かれる瞬間、ビックリするような大音量で雌豚の叫びが上がった。これほど大きく悲痛な叫び声を、私は今まで聞いたことがない。村中にとどろく悲鳴。卵巣を取り出した後は局部を縫い合わせ、灰をすり込む。これで手術終了。ようやく、一頭、終了した。残るは三頭。再び地面に飛び散る鮮血。木の根元で尻込みする順番待ちの猪豚たち。下校中の子供たちも何事かと坂の上から覗き込んでいる。三頭目からはファキンも助手として加わった。

約一時間後、叫び声の連呼とともに四頭の手術は無事に終了した。手術を終えた猪豚たちは、寝そべったままヒクヒク体を震わせながら「ググググ……ググググ……」と低くうなり続けている。費用は全部で百ペソ。

マリオの家で飼っている三頭の犬の食事は、その辺に落ちているカリカリに干からびたトルティーヤか、動物の骨だ。人間が要らなくなったものを犬が食べてくれる。しつけられていないため番犬というにはほど遠いが、子供たちの遊び相手ぐらいにはなる。それに比べ猪豚たちときたら、食うだけで遊び相手にもならない、ペット以下の動物である。食べる量もハンパじゃない。残飯では追いつかない。それでも売ってしまわない理由は、マリオによれば、妻のイザベルが「飼っておきたい」と言っているからだそうだ。なぜ「飼っておきたい」のかは、次のこととも関係しているのかもしれない。

それは、ハロウィーンの祭りのときに、殺して各家庭にふるまうためだ。この村ではハロウィーンのとき、肉料理を互いにふるまいあう習慣がある。そして豚肉は、村人の間ではいちばん人気のある肉なのだ。現に、ニューヨークに私が戻ったあと行なわれたハロウィーンで、マリオはその猪豚を殺して肉を村人にふるまい、また新たに猪豚を購入したそうだ。猪豚は、ペットとは一線を画する贅沢な家畜である。「飼っておきたい」という理由で何かを飼っておけるマリオ一家のような家庭は、村ではまだ一握りの階層だ。猪豚は、裕福さのバロメーターなのである。

村の風物

ソンブレロ

メキシコ人男性のシンボルといえば、でっかい麦藁帽子のようなソンブレロがまず頭に浮かぶ。それに口ひげをはやしてギターを持たせたらマリアッチバンド（メキシコ民族音楽団）、マチェーテ（伐採用のなた）を持たせたら農夫。棕櫚を材料とするソンブレロ作りは老若男女の誰もがする仕事で、村で唯一の現金収入源だった。「だった」というのは、こんにち若者たちは作り方を知らなくなってきているからだ。ソンブレロはベテランの老人が作っても、一日にせいぜい四つが限界である。一つ一ペソで売れるから一日四ペソの収入。これではコーラ小瓶一本分の日給だ。ニューヨークではその百倍、四百ペソ稼げる。今ではソンブレロを若者たちがかぶらないのは、たんに格好がいい悪いといった理由だけではないような気がする。

以前村人たちは、山裾を流れる川の対岸にあるタシンという小さな町まで、作ったソンブレロを売りに行っていた。マリオの家では、マリオとミゲルが毎週日曜日に、タシンにソンブレロを売りに行くことになっていた。

「川はひざ下ぐらいの深さのときが最も流れが速かったから、慎重に渡ったよ。水深が首までくるようなときは担いで川を渡ったけど、案外流れは穏やかだったね」

ミゲルは川のようすをそう語った。ソンブレロを売ったお金で、唐辛子やトマト、ノニ（トウモロコシの粒）など必要なものを買った。

けれども、今ではわざわざタシンまで売りに行く者は、村に一人もいない。

タシンから週二回、ペプシ系列の炭酸飲料を運ぶトラックが村にやってくる。炭酸飲料を売り終わったトラックの荷台にソンブレロを積み、村人はドライバーから金を受け取る。トラックは約二十年前から来るようになったが、このサービスがいつから始まったのかはわからない。

炭酸飲料は二、三種類あり、どの種類も二五〇ミリリットル入りで一本四ペソする。一日じゅうソンブレロ作りをして、ようやくジュース一本分の現金収入になる。だからトラックが村に着くと、まず村で裕福な家庭が炭酸飲料を買い、その後貧しい家庭の者たちがソンブレロを荷台に積む姿が見られる。ソンブレロをいくつか載せ、ジュースを一、二本買う者もいる。トラック側にはこのサービスはたしかに一石二鳥だろうが、村にとっては決してそうではない。ちなみにマリオ一家は週に三、四ケースの炭酸飲料を買っている。一ケースが二十四本入りで価格は七十二ペソ。このトラックは炭酸飲料のほかにも、メキシコでよく飲まれているビール「コロナ」も積んでいる。こちらは一ケースが二十本入りで八十ペソ。

村には炭酸飲料のほかにも、さまざまなものを売りに来る。たとえば布団と枕の行商トラックが月に二度のペースで来る。日本の焼きいも屋のように、拡声器を使って宣伝する。布団一枚が二百ペソ。ガスボンベを売る車は二カ月に一回来る。一本、二百ペソ。養鶏業者の車は週一回ほど来て、一羽を二十五ペソで売る。コカコーラ系列の炭酸飲料を配達販売するトラックも、三年前から週一回来るようになった。一ケースがペプシと同様に二十四本入りで、価格は少し高めの八十ペソ。一回の販売でペプシ、コカコーラともに約十五ケース売る。他にも豚肉や、サヤインゲンをバケツ一杯十ペソで売りに来るし、唐辛子を売る行商人たちは村まで歩いてやってくる。

タシンまで出なくとも、村人たちはさまざまなものを購入できるようになった。けれどすべての村人が購入できるわけではない。ある婦人はソンブレロ作りに一日を費やし、別の婦人は買い物や料理を楽しむ。お菓子を手にする子供と、手にできない子供。この村にも、貨幣社会に生きる人間の貧富の差がある。

インフラ整備

二〇〇〇メートル級の山並みが延々と続くモンタニア地区に散らばる、何百というミステコ族の村々に通ずる道は、すべて舗装されていない砂利道であったりぬかるみだったりする。そして多くの村では、雨季になるとその道は断たれる。こうしたことが、この地区のインフラ整備を遅らせる原因となる。メキシコ全体における道路、下水道などの総合的なインフラ整備率は四二パーセント。ゲレロ州はぐっと落ちて二七パーセント。モンタニア地区は一九パーセントとさらに低い。だが、というかだからこそ、出稼ぎで稼いだ金でできることから村人たちは始める。

トゥビシン村の中心部には、コンクリートで舗装された長さ一〇〇メートルほどの道路が東西に二本走っている。四年前に完成したばかりだ。これは、資金は全額政府から出たが、労働力は村が提供した。どちらかというと北側に走る道路のほうが幅は広い。といっても四トントラックがやっと通れるくらいのものだ。それら二本の道路の間隔は約二〇メートルあり、両端もまたコンクリートで舗装された道路で結ばれている。この細長い長方形が、村で唯一のまっすぐな道路であり、その内部と周辺が、村では貴重な平らな土地を形成している。

その長方形の北東・南東・南西の三点からは、それぞれひげのような道路が三本ヒョロヒョロと伸びている。北東に続く道は登り坂となり、南東へと伸びる道路は山裾へと続いている。南西への道は教会の横を通り過ぎている。この中では南東へと続く道だけが、五〇メートルほどコンクリートで舗装されている。この道は、山裾にあるトライヤワルコやタシン、タンダイといった村や町へと続いており、村へ出入りするにはここを使う。

私が村に滞在しはじめてから約三週間後の十月初旬、この道の均（なら）し工事が行なわれた。隣り村のクーバとともに五千ペソずつ資金を出し合ったこの工事は、「十年以上も前から州政府に毎年お願いしていたんだが、やってくれんもんで」村長が各家庭から七十五ペソずつ徴収してようやく実現した。いまだにソンブレロを作っている家庭にとっては、大金を持っていかれた工事だった。

東西にまっすぐ走る二本の道の両側には、約二十軒の民家が建ち並んでいる。北側の道路の東西両端には、それぞれバスケットコートと教会とが位置している。六年前に改築されたその教会は四、五階建てほどの高さを持ち、村ではずば抜けて大きなコンクリート建築物だ。前面のみ薄いクリーム色で塗られ、聖母グワダルーペの像が窪みの中に立っている。夕方陽が落ちると、聖母は緑のランプに照らされる。工事費は全部で三万ドル。ニューヨークへ行っている世帯主から、とりあえず千ドルずつ、村長は徴収した。

教会とバスケットコートとの間には、青や緑、橙で塗られた家屋が建ち並び、村の中心部はじつに色鮮やかだ。しかも、カサ・デ・パルマ（棕櫚の家）ではなく「カサ・デ・マテリアル」と

教会から村の中心部を望む

呼ばれるコンクリート壁の家がめだつ。ほかに、学校と集会所も北側の道路に南面して建っている。雑貨屋を営んでいるマリオの弟セシルの家や、彼らの父ホセの家も同列に建てられている。この二本の道路の両側は、いわばこの村の高級住宅街である。

現在、隣り村のクーバとの間には、ある巨大インフラ整備計画に関する議論が巻き起こっている。議論の原因は、この計画を立案したのが、トゥビシンでもなくクーバでもなく、山裾にある小さな町タシンだからだ。タシンから、この一大計画を、トゥビシンとクーバに打診してきた。

この計画には近くの町タンダイの事情も関わっている。タンダイは、モン

左下に見えるのは学校

タニア地区の中心地であり、標高は地区内では少し低めの一〇八〇メートルのところにある、人口四万四〇〇〇人の町である。近年町の人口は急増し、人口密度でいえば、二〇〇〇万を擁するメキシコシティよりタンダイの方が圧倒的に高い。町の中心部は、それ自体が商店街と化している。

たとえば、靴屋の前に中年のおばさんがテントを張って日用雑貨を売り、その前には砂糖大根を売る親子が座っている。その横にはマッチや香辛料、にんにくなどをひもにくくりつけて売っている初老の女性が立ち、その前を靴磨きの少年たちが往き来する、といったぐあいだ。こうした衣類や食品、日用雑貨はもちろんのこと、サルサを作るときに便利なミキサーなどの電化製品から、農薬・馬の鞍・ガラス戸まで何でもある。ニューヨークからの仕送りを受け取るのも、タンダイにある金融機関がその窓口になっている。

ここ十年で、タンダイはモンタニア地区の物流と金融を集約する一大商業都市に様変わりした。ミステコ族、トラパネコ族、ナワトル族といった少数民族も、村を離れタンダイに集まり、部族ごとに街の周辺に住み分かれている。週末ともなると、方々でタンダイ行きのタクシーが列を連ねる。トゥビシンからもほぼ毎日、タンダイ行きの乗り合いタクシーが出ている。土曜日ともなると、村に二台ある乗り合いタクシーはすぐにいっぱいになる。

トゥビシンからタクシーでタンダイに行く道は、今のところ一本しかない。ふつうに走って三時間かかる。まず、山裾へ下り、そこを流れる川まで出る。これに約四十五分かかる。その川の向こう岸に、タシンがある。タンダイはタシンから川の下流の方向へさらに四十五分走ったところにある。タンダイへ行くには、まずはタシンへ行かなくてはならないのだが、タシンへ行くには、そこからタンダイとは逆方向の上流へ四十五分走ったところにある橋を渡り、今度はまた川に沿って下流へと四十五分走らなければならない。現状では、川を渡ってタシンへ行くために、こうして一時間半かけて遠回りしなくてはならない。タシンに近づくと、川を挟んで山腹上方にはトゥビシンの集落が見える。教会もミゲルの派手な家も、肉眼で確認できる近さである。

タシンが打診してきた計画とは、タシンからトゥビシン側に架かる橋を建設する、というものだ。橋が架かれば、遠回りする必要はないから、タンダイまで、今までの半分の一時間半で行け

ることになる。「で、費用は」と私がミゲルにきくと、

「七万ペソ要るんだ。クーバも半分出すよ。クーバとトゥビシンで七万ペソ、全額さ。タシンは一ペソも出さないつもりなんだ。やつらは絶対に出さない。やつらは俺たちに金を出させて、橋ができたらいっせいに村にやって来て物を売りつけるつもりなのさ」

ミゲルの分析である。

「やつらは俺たちがニューヨークで稼いでいることを知っているからね。タンダイに行っているいろ買い物するのも知っているしね。つまり、俺たちを狙っているのさ」

これだから商売人は嫌いさ、といった顔をしてミゲルはこう付け加えた。

「橋を造ってしまったらやつらの思うつぼなんだけど……」

トウモロコシ

村の主要作物を収穫の多い順に並べると、一位はとびぬけてトウモロコシ。二位以下は横並びでイーキン（かぼちゃ）・ドゥーチュ（サヤインゲン）・ティナナ（ほおずき）。ただし、二位の三つは、トウモロコシ畑や山に自生したものを穫っており、栽培しているわけではない。

これら三つの野菜に関しては料理方法もそれぞれ一つしかない。イーキン（かぼちゃ）は種ごとざく切りにしてスープにする。味付けは何もないため、かぼちゃの甘みだけでいただくちょっとしたおやつ代わりのようなスープである。硬い皮や種は、「ペッペッ」とその辺に吐き飛ばす。

スープにしたあとも、名前はそのままイーキンという。

次にドゥーチュ（サヤインゲン）。これは常にサルサと煮て食卓に並べる。代表的な家庭料理で、主食のトルティーヤのおかずとなる。煮る前も煮たあとも、名前はドゥーチュ。マリオの家庭でもほかの家でも、またニューヨークの友人宅でも、私は何度となくこのドゥーチュを食べたが、どの家でも唐辛子と塩のまったく同じ味付けであり、同じ辛さである。

最後にティナナ（ほおずき）。山に自生している若くてまだ緑色の食用ほおずきを、ここではティナナと呼んでいる。スペイン語ではトマテ。ティナナは青唐辛子と一緒に鉢の中でつぶされてサルサとなる。かぼちゃとサヤインゲンを一緒に煮込んだり、サヤインゲンとほおずきでスープやサラダを作ったりということは一切ない。そんなことはここでは暴挙である。イーキン（かぼちゃ）は常にスープで食し、ドゥーチュ（サヤインゲン）は絶対にサルサ煮にされ、ティナナ（ほおずき）はいつでもサルサになる。これが料理のレパートリーのすべてといっていい。

村に滞在した一カ月間、毎食こうしたものだけを食べていたわけではない。実際にはイザベルが買ってきた牛肉、鶏肉、卵、インスタントラーメンなど、いろいろなものを私は食べた。だが食材と料理方法の組み合わせは常に同じで、味付けはサルサ一辺倒だった。生野菜、果物がまったくないのは正直つらかったが、レパートリーと味自体には不思議と飽きなかった。

中国の万頭（マントウ）、インドのロッティ、チベットのツァンパなど、私はこれまで米以外の穀物類の主食をいくつかの地域で食べてきた。そしてどれも素直においしいと思った。万頭やロッティは毎

天日干しにされるトウモロコシとドゥーチュ

日ガツガツ食えるほどうまかった。だが、今回のメキシコ滞在までほとんどトルティーヤというものを食べたことがなかった私は、正直、トルティーヤを好きになれるかどうかまったく自信がなかった。

　トルティーヤの原料であるトウモロコシは、三千年も前から栽培されている世界三大穀物のひとつであるにもかかわらず、日本では一般に野菜として扱われている。夏、大人はビールに枝豆を楽しみ、子供はプールに行ってトウモロコシをかじる。普通なら、ひとつの「旬の野菜」をそうモリモリ食えるものではない。ミゲルに「村ではトルティーヤしか食べるものはないよ」と聞かされていた私は、すぐに飽きるのではないかと思っていた。だが、それは杞憂に終わった。常に出される主食のトルティーヤは、何よりおいしかった。

村での生活を終えたのち、ニューヨークに戻ってから、私はさっそく市販のトルティーヤをスーパーで買い求め、アルバイト先の店に持っていった。すぐに気づいたのは、ミゲルたちの食べっぷりが、ふだん食べているご飯や麺類のときよりも旺盛だったことだ。それは、トゥビシン村で見た村人たちとまったく同じであった。それ以来私たちは、まかないにメキシコ料理をよく楽しむようになった。もともと辛いものが苦手だった私も、汗を拭きつつトルティーヤを何枚もおかわりするようになった。もう、トウモロコシは私にとって野菜ではない。

「およそメキシコ人と水のあるところには必ずトウモロコシ畑がある」と言われるくらい、どんな悪条件でもメキシコ人はトウモロコシを栽培する。雨季（六～九月）に必要最小限の雨量があれば、トウモロコシは一応育ち、実をつける。豊作・凶作いずれにせよ、日本人にとっての米や魚のように、トウモロコシはメキシコ人の食生活になくてはならないものである。だからその各部の名称も、以下に紹介するように細分化されている。

トウモロコシの穂全体　ユートゥー
トウモロコシの葉　ダヨウ
トウモロコシの実（調理前）　ニー
トウモロコシの実の葉　ニャマ

トウモロコシの実の先についている毛	ギィシィ
「ニー」を茹でたもの	ディーシィー
「ニー」を焼いたもの	ディーシィーヤッタ
トウモロコシの実の一粒一粒	ノニ
トウモロコシの芯	サニ
「ノニ」を水に浸したもの	シャー
「シャー」をすりつぶしたもの	ユーシャー
トルティーヤ	シィータ

人々は、ニー（実）の付いたユートゥー（穂）は教会へのお供えにし、ダヨウ（葉）やニヤマ（実についている葉）は家畜の餌にする。母親は、明日のシィータ（トルティーヤ）用にノニ（トウモロコシの実の一粒一粒）を水に漬けシャー（ノニを水に浸したもの）にしておく。ちなみに、一リットルのノニで、シィータは二十枚作ることができる。

ディーシィーにつけるのにいちばん人気があるのは、市販の真っ赤なサルサソースである。茹でたてのトウモロコシにサルサをたっぷりかけて食べる。あっという間にアルフォンソは三本平らげ、真っ赤になった口で「ヒーヒー、フーフー」言っている。町へ行くと、この茹でたトウモロコシにマヨネーズと粉チーズ、そして七味のような唐辛子の粉をかけて売っていたりするが、個人的にはおいしくはなかった。ミゲルのいとこのルシオは、ニューヨークで私と買い物に出かけたとき、マンゴーにもパパイヤにもサルサソースをかけて食べていた。何といってもやっぱりサルサが一番いい。

ただ、私見を言えば、トウモロコシは香ばしく素焼きにしたものが最もうまいと思う。これは彼らも同じようで、素焼きのトウモロコシには誰もサルサをかけなかった。そう、お腹をすかせた子供たちは、ディーシィー（茹でたトウモロコシ）にはサルサをかけ、ディーシィーヤッタ（素焼きのトウモロコシ）はそのままいただく。

サボテン

メキシコといえば乾燥した平坦なステップ気候地帯に、フォークのような形をした大小さまざまなサボテンが生えているイメージがある。確かにそういうところもある。だがモンタニア地区ではサボテンは山にニョキニョキ生えるものである。平野部は全国土の七パーセント足らず。メキシコは実に起伏の激しい国である。モンタニア地区は、だから、その意味ではメキシコの象徴的なところだと言える。トゥビシン村では二種類のサボテンがよく見られる。まずは電柱のようにまっすぐに伸びている柱状サボテン。もうひとつは低木性の平たくて丸いウチワサボテンである。

だが、これらのサボテンは村人たちに最も無視されている存在なのだ。マリオの息子ファキンたちと放牧に出かけた際、ウチワサボテンにトゥーナという果実が生(な)っているのを私は見つけ、彼らに食べるかどうか聞いてみた。「コオ＝クシュ（食べない）」と言うや否や、彼らはサボテンに石をぶつけはじめた。サボテンはまたたく間に粉々に飛び散ってしまった。最後に大きな石を当てたファキンは「ヒャッヒャッ」とおどけて笑った。

その十秒後、第二回戦開始。またもファキンが最後に仕とめ「ヒャッヒャッ」と笑っている。これは、サボテンが嫌いなのではなく、子供たちの間ではやっている石を投げる遊びの「標的」にされたにすぎない。私が当てられなくて悔しそうにしていたため、まだまだ下手だなあ、といってファキンは笑ったのだ。彼らは空き缶を標的にするときもあれば、岩を狙うときもある。犬にも牛にも投げる。標的にならないのは十字架ぐらいだ。サボテンとはその程度の存在である。メキシコ人とサボテンとをすぐ結びつけるのは、日本人と桜とを結びつけ、さも意味があるかのようにいう日本人の悪い癖の現れだろう。

別の日、ともに放牧へ行ったときのこと。ファキンは「クルミがある」と言って、小石を片手に頭上へ一投げした。私がまた石投げ勝負とばかりに石を拾おうとした瞬間、ファキンの一投目はみごと命中し、クルミはファキンの足元の一メートル先に落ちた。このとき私に悔しさは微塵もなかった。あっけにとられただけだった。

サボテンはいわば、サンドバッグのような練習台としての価値しかないのである。サボテンがメキシコの象徴だなんて、ちょっと「ロコ」（気の狂ったやつ）が言うことだ。

トゥビシン村の生態史において、昔から重要な役割を果たしてきたのは棕櫚である。現金収入にもなれば、家の屋根を葺く（ふ）ための建築資材にもなった。男は棕櫚の帽子をかぶって放牧に出かけ、女は棕櫚の団扇（うちわ）を使って料理をする。昔は、靴や椅子、ほうきも棕櫚で作っていた。こうして生活のすみずみにまで棕櫚は生かされてきたが、今日、マリオの新築の家には、棕櫚で作ったものはもうひとつもない。椅子はあるが、それらはタンダイで買ってきたものだ。手作りの棕櫚のものは、生活から消えた。棕櫚がファキンたちの「標的」にされる日も、そう遠くはないかもしれない。

過疎の村

ここは誰がどう見ても過疎の村である。統計ではトゥビシン村の人口は八二三人（一一九世帯）となっているものの、実際に住んでいるのは二〇〇人にも満たない。近くの町タンダイやアカプルコ、メキシコシティなどへ、昔から多くの者が出稼ぎに出ているためだ。ミゲルの叔父や叔母、いとこも何人かタンダイとアカプルコに住んでいる。叔母のセシリアはもう十五年以上タンダイにいて、市場で小さな果物店を開いている。中学生の娘が二人おり、タンダイで育った彼女たちはスペイン語しかしゃべることができない。だからマリオは、そんな姪っ子たちと接するときはどうしてもよそよそしくなる。マリオの四男カタリーノはスペイン語をほとんどしゃべることができないから、いとこ同士でも意思疎通が難しい。実際、会って喋ったことなどほとんどない。彼らはもともと同じ村の出身なのに言葉が通じない。出稼ぎ少数民族ミステコ族にとっては、これは、まるで自然現象であるかのように、誰もが経験していることである。

現在、村からニューヨークへ出稼ぎに行っている者は、少なくとも一二〇人。だから高校生や大学生くらいの若者はめったに見ない。だが、いくら過疎の村といっても、まったくいないことはない。彼らの「溜まり場」だってきちんと存在する。

夕方五時ごろになると、若者たちが一人また一人とバスケットコートに集まってくる。そして日没までバスケットボールを楽しむ。中学生くらいの少年たちは、人数が足りないときだけゲームに参加させてもらえるものの、あまりパスは回ってこない。理由は単純、彼らは下手だからだ。メキシコといえばサッカーが国民的スポーツだが、ここでは平らな土地が少ないため、バスケットが手ごろなスポーツのようだ。

中国でも、どんな偏境の山奥にある小さな村でも、バスケットコートだけはある。が、中国ではそれが使われていることはめったにない。反対にトゥビシンや隣り村のクーバでは、毎日のように試合が行なわれている。メキシコ人のほうがバスケット好きだからではない。ここでバスケットをしている若者は、ニューヨークで何年も働いたあと、現在一時帰国している休暇中の者たちばかりである。つまり、体力があり余って仕方がないのだ。若者たちの威勢のいい声が聞ける機会は、一日でこのときだけだ。

ファウストはミゲルの義理の兄で、今はゆっくりと休暇中である。朝からビールを飲んで昼寝をして、夕方晩飯前にバスケットをして腹をすかせる。

初めて彼の家を私が訪れたとき、昼寝をしていたらしく、五分くらいたってようやく起きてきた。よれよれのランニングシャツを着て出てきた彼は、ミステコ式挨拶などせずに「アミーゴ、コーラ飲むか」と言うと同時に、ビンの栓を抜いた。少し雑談をしたあと、彼は分厚い写真の束を持ってきた。懐かしのニューヨークでの写真だ。私は「タシャブン（ありがとう）」と言い、さっそく一枚一枚拝見させてもらう。

「これは」

「働いていたとこさ」

派手な店内には、グラスを片手に立ち話をする大勢の人が写っている。ファウストもその中にいる。店の従業員と祝ったクリスマスパーティのときの写真だ。

「この人がパトロン（店長）さ」

ファウストのすぐ隣りに写っている人物を指さして、横からそう言った。

「どこの人だい」

「インド人」

「いい人だったかい」

「すごくいい人だったさ」

マンハッタンのアムステルダム街八〇丁目にある喫茶店で、デリバリー・ボーイ（出前の配達員）として彼は働いていた。一日十二時間、週六日労働を、五年以上もその喫茶店で続けたという。すっかり店の古株となり、店長にも可愛がられる存在だ。

私は「へぇ」「ふうん」とつぶやきながら、クリスマスパーティの写真を一枚一枚見ていく。今度は一変して、どこかのアパートになった。彼の家で行なわれた、身内の誰かの誕生日パーティのときの写真だとファウストは説明した。円卓の上にはどぎつい水色をしたケーキがのっており、ビールの缶がその周りに林立している。プレゼントの箱もいくつか見える。

「いっぱい飲んだのかい」

「当たり前さ、アミーゴ」

「あ、ミゲルもいる」

「……」

「痩せてるなあ」

「……」

写真の中のファウストも、痩せている。けれどファウストは、どうでもいいじゃないかそんなこと、といった表情だ。二人とも今とは違って口ひげはまだ薄く、少年の面影を残している。お腹もまだ、ほとんど出ていない。その後は、公園での写真、雪の日の写真など、凝縮された五年間分の思い出が続いた。近いうちに、再度ニューヨークへ戻る予定だという。「もちろん同じ喫茶店で働く」と彼は言った。

村一番のおしゃれ好きのホスティノは十八歳で、ミゲルとはいとこ同士だ。彼によれば「もうナイキはダサい」そうで、ニューヨークで買い揃えたプーマの靴を好んではいている。過疎の村のポップカルチャーはいち早くアメリカナイズされる。ある日の夕方、そのプーマの靴で牛追いを終えた彼に、バスケットコートで少し話を聞いた。

ニューヨークではインド料理店とピザ屋で働いていた。でもインド料理店はわずか二カ月で辞めた。彼いわく「あそこはよくない。寝てばかりいる。食ったら寝る。起きたら食う。食い終わったらまた寝る。インド人はまったく仕事をしないから嫌いだ」。

昼寝をしているインド人の真似をする彼に「暇ならそれにこしたことはないんじゃないの」ときくと、「暇じゃこっちが困るんだ。ピザ屋はいいよ。配達の仕事がたくさんあるからチップで稼げる」。

そう言うと彼はまた、寝ているインド人の真似をしはじめた。私は数カ月間インドを旅行し、おもにトラック運転手が利用する簡易宿で働いていたこともあるので、寝ているインド人はよく見かけた。ホスティノは、昼寝をしているインド人の真似が驚くほどうまい。目を覚ました彼は「あそこはよくない。寝てばかりいる。食ったら寝る。起きたら食う。食ったらまた寝る」と同じせりふを繰り返し、苦笑いし、もう一度、寝た。

彼は私の笑い声で再度目を覚ますと、こう言った。

「それよかさ、明日俺の家に来いよ。昼飯でもご馳走するよ。ミステコ語を教えてあげるよ。ただ、最近テレビの調子が悪くてさ、できたらそれを見てもらいたいんだけれど……」

私のバイト仲間であるラウールも、以前別のインド料理店で働いていたが、七カ月で辞めた。「一日七時間しか働けなかったからだ」とその理由を言った。私は七時間働いているが、「七時間しか」などと思ったことはない。七時間働けば、肉体的には十分つらい。

「七時間だと短いのかい」

私はラウールにきいてみる。

「短いに決まってんじゃねえか。いいか、いっぱい働く、いっぱい稼げる。少し働く、少しだけ稼げる。ほかのメキシコ人のやつらを見てみろよ。十時間、十二時間働いているじゃねえか。やっぱりそいつら、いっぱい稼いでるもん」

「そりゃあそうだよなあ。でも、この店、忙しすぎるだろ」

「もう体もたないよ。疲れる疲れる。なんなんだ、ここの忙しさは。はじめは皿洗いだけだと言っておきながら、働くうちに次から次に、別の仕事が増えているじゃねえか」

正午から夜十一時までの一日十一時間、週六日、ラウールは働いている。毎日ものすごい仕事量である。それに加え店が閉まるのは感謝祭とクリスマスの年二日だけだ。働きはじめたときの給与は、チップも入れて週二〇〇ドルくらいだった。半年以上経った現在でも週二四〇ドル程度。時給にしたら四ドルにも満たない。配達をしてもチップを一セントもくれない客も多くいる。チップというのはアメリカでの習慣だ。彼らは文句ひとつ言えずに、屈辱的な気持ちを抱いて店に帰ってくる。

三年前、「シカゴトリビューン」紙はこう書いた。

「もし雇用者がアメリカ人を多く雇ったら、諸々の問題を処理する人事課なり人事課長なりが必要だろう。がしかし、今日我々が雇っている者たちはただ来て働くだけだ。彼らには学校へ送り迎えしたり、医者へ連れて行ったりしなければならない子供がいない。はじめから育児問題がない。それに、今日はこれがある、あれがあるといって早退することもない。電話で病欠を連絡するなんてこともない。もし、彼らに『よし、今日は十時間労働だ』といっても何も言わずに働く。アメリカ人を雇ったらそうはいかない」

アメリカの最先端コンピューター会社が、多くの囚人に仕事の依頼をしているのもまったく同じ論理である。

しかし、トゥビシンの若者たちがニューヨークへやってきてまず望むことは「より長く使われる」ことである。だれがどんな店を経営していようと、まずは長時間働けるほうを選ぶ。牛追いとは違い、ニューヨークでは労働時間と現金収入とは比例する。単純労働しか知らない彼らにとって、時間が長いことが、仕事の価値のすべてである。彼らは一方的な労使関係や過酷な搾取の現実のなかにいながらも、はじめから次元のちがうところにいる。

2　ニューヨーク出稼ぎ生活

ミステコ族の仕事と給与

アメリカ合州国の国勢調査局が二〇〇一年十二月に発表したレポートによれば、二〇〇〇年時点で全米にいる不法移民の数は、十年前に比べ五〇〇万人増加し、約八七〇万人いると推定されている。九〇年代、アメリカでは、毎日一四〇〇人ずつ不法移民が増えていったことになる。かつて歴史家オスカー・ハンドリンは、「移民こそがアメリカ史である」という言葉を残したが、この国は新たな歴史を本格的に作りつつある。

レポートの総括にのっているデータを左にそのままぬきだすとこうだ。

	［一九九〇年］		［二〇〇〇年］
不法移民数	三七〇万	——	八七〇万

男性	一八〇万（四八・四％）	――四七〇万（五四・二％）
年齢（一八～二九歳）	一二〇万（三二・八％）	――三五〇万（四〇・〇％）
ヒスパニック系	一九〇万（五〇・七％）	――五四〇万（六一・五％）
メキシコ人	一〇〇万（二六・八％）	――三九〇万（四四・五％）

＊（　）内は不法移民数全体に対する割合

不法移民の中でも特に増えているのがヒスパニック系だ。なかでも、全不法移民のうち約二五パーセントをメキシコ人男性（二一四万）が占めており、ミゲルのような壮年のメキシコ人男性は、現在アメリカにやってくる典型的な不法移民である。

ニューヨーク市の人口は八〇〇万人。ニューヨーク市には四〇万人の不法移民がいるとされ、うち半数の二〇万人はメキシコ人であると推定されている。そのうち何パーセントかはミステコ族であるが、ニューヨーク市にいるミステコ族の数は、現在のところつかめていない。

「マンハッタンのここ（アッパーウェスト地区）にだけミステコ族がいるんだ。ブルックリンやクイーンズにはいない」

あるとき一人のメキシコ人青年が私に言った。

しかし、まったくいないことはない。それどころかニューヨーク市内のどこにでもいる。ミゲルの叔父サントスは以前ブルックリンで働いていた。アッパーイースト地区にも多くのミステコ族が住んでいる。マンハッタンからフェリーで二十五分のところにあるスタテン島に住むミステコ族もいる。しかし、ニューヨーク全体を見た場合、マンハッタンのアッパーウェスト地区にミステコ族が集中しているというのは本当のようだ。「ようだ」というのは、私が実際にミゲルと同じ店で働いており、日々ミステコ族についての話を聞いていたときに得た推測である。それは一カ月間のメキシコ滞在後、ニューヨークに戻ってから、より肌でミステコ族を感じられるようになり、市内を歩き回るにつれて、確信へと変わっていった。

こうしたことから、私はニューヨークのミステコ族を知る手がかりとして、アッパーウェスト地区を選ぶことにした。以下に、どれほどのミステコ族がマンハッタンのアッパーウェスト地区で働いているのか、目抜き通りであるブロードウェイ周辺における具体例をいくつか記す。ちなみに、把握できた一三六人のミステコ族のうち約九割が、ゲレロ州モンタニア地区出身である。今後機会があれば、ミステコ族が多いと思われるアッパーイースト地区、クイーンズもぜひ調べてみたいと思う。さらに、同じモンタニア地区から出稼ぎに来ているナワトル族、トラパネコ族についても調査を行ないたい。

［マンハッタンのアッパーウェスト地区ブロードウェイ界隈におけるミステコ族］

●東西に走る通り	●店の種類	●働くメキシコ人の数	●うちミステコ族の数
八〇丁目	スーパー	一〇	一

八二丁目	アメリカ料理店	八	四
八三丁目	バー	一三	六
八七丁目	ベトナム料理店	七	七
	デリ	五	四
八九丁目	バー	一二	六
九三丁目	中華料理店	六	六
九四丁目	タイ料理店	一〇	七
九七丁目	アメリカ料理店	一〇	四
	イタリア料理店	一一	一一
九八丁目	スーパー	六	一
	メキシコ料理店	六	四
一〇〇丁目	デリ	一〇	四
一〇三丁目	デリ	八	四
	日本料理店	三	二
	デリ	五	三
一〇四丁目	中華料理店	五	二
	インド料理店	二	一

一〇五丁目	デリ	二	二
一一〇丁目	雑貨屋	二	一
一一一丁目	アメリカ料理店	五	三
	西洋料理店	一四	一二
一一二丁目	韓国料理店	三	三
一一三丁目	バー	一〇	六

訪ねた店舗数……一〇九店舗
有効回答……六七店舗（六二％）
閉店・店長不在などの理由による未調査店舗数……三四店舗（三一％）
回答拒否……八店舗（七％）
[結果]（六七店舗中）
メキシコ人……三七三人
うちミステコ族……一三六人（約三六％）
一店舗あたりのミステコ族の数……約二・〇人

[注] 数字はすべて、二〇〇一年十一月一日時点のもの。また、ミステコ族の数は、その店で働いているミステコ族に直接聞いたものである。

「はな」の厨房にて、左が著者、右がミゲル

私とミゲルの働いている自然食料理店「はな」（仮名）は、全二十七席の小さな店だ。厨房で働いているのは、全部で日本人四人とミステコ族三人である。七人の一週間の労働時間は合計約三百時間。ミステコ族は、日本人より一人少ないにもかかわらず、そのうち百八十時間近くを占める。一週間の平均労働時間を見ると、日本人は週三十時間働き、ミステコ族はそのちょうど倍の六十時間働いている。皿洗い、ゴミ出し、倉庫および冷蔵庫の掃除などはすべて彼らがやる。

七人のうち、通常昼間は三人、夜は四人、厨房に入る。そして常に最低一人の日本人と二人のミステコ族が一緒に働く。日本人四人は全員店の鍵を持っているが、ミステコ族は誰も持っていない。従業員を使う側と使われる側とにさらに分け、それらを常時置き、店は統制される。ときにはだから、私とミステコ族三人の計四人ですべての厨房の仕事は遂行される。店のマネージャーが私に言うことは決まって「指示を出してあいつらを使えよ」。私は指示など出さずにおしゃべりをしたり、歌でも歌いながら彼らと仕事をする。厨房では閉店までミステコ語が飛び交う。私と会話をするときだけ、私でも文法の間違いが容易に指摘できるようなレベルのつたないスペイン語を、彼らはしゃべる。

ミゲルの仕事は調理、仕込み、皿洗いだ。調理は、以前人手が足りないときに習いはじめ、いつしかすべてのメニューを覚えてしまった。今ではひじき、きんぴら、煮物など何でも作れる。「まかない」にはてんぷらそばや焼きうどんを作って食べる。わかめ、豆腐、ゆばなども彼の好物だ。

一方、ミゲルの弟の十七歳のカタリーノと、同じくトゥビシン村から来た三十四歳のラウールは、仕込み、皿洗い、そして配達を担当している。餃子の皮の包み方の習得の早さなど、手先の器用さは、ミステコ族共通の特徴のようだ。この中ではラウールがいちばん年上ではあるが、仕事に関してはいちばん新しい。彼の渾名は「高倉健」。私がつけた。そっくりなのだ。もっとも、「タカクラ・ケン」と呼んでも、彼は意味を解せずにいるから、普段はそのまま「ラウール」と名前で呼んでいる。

身長一五〇センチほどと小柄なタカクラ・ケンは、ずけずけとなんでも私に要求する。

「おい、コーラはまだか」

もちろん冗談半分で言っている。厨房のような狭い空間で働いていると、仕事の合間のちょっとした「お茶の時間」は欠かせない。私は仕事の手を休め、すばやくデリへ行ってジュースとお菓子を買ってくる。

「おい、なんで〝ダイエット〟コーラなんだよ」

「え、だめなの」

「またいつもの九九セントの安物ビスケットか」

「いいじゃないか、うまいんだから」

「なんだかもう一本コーラを飲みたいなあ」

「もう勝手にしろ」

カタリーノも最近口うるさくなってきた。

「おい、このコーヒー、砂糖何杯入っているんだ?」

「知らないよ。『レギュラー』って言って頼んだけど」

「甘すぎる。砂糖は一杯にしてくれ」

彼らはひっきりなしにこうして私をからかってくるが、勝手にジュースの栓を開けたり、私より先にお菓子に手をつけたりすることは決してない。ジュースを買ってこい、とは言うけれど、注げ、とは一度も言ったことがない。

私が彼らのまかないを作るときもある。そういうときは、好みのうるさい彼らに、食べたいものをあらかじめ聞いておく。一人ずつ違うものを作ることもあるが、ほとんどの場合は、先輩格のミゲルの意向によって、献立は決まる。

「ミゲル、イキャ＝コットン＝クシュ＝ビティン？（ミゲル、今日は何食べたい）」

「ヤキウドン」

そばよりうどんのほうが人気は高い。中でもシンプルなしょうゆ味の焼きうどんが、ミゲルたちは大好きだ。焼きうどんといっても、彼らの味覚に合わせた、特製ミステコふうヤキウドンである。

油はオリーブオイルで、青唐辛子は多めに、食感のアクセントとしてくずした豆腐を入れ、もやしは入れずに、塩加減は多からず少なからず等々。ミゲルたちにとっては、されどヤキウドンだ。だから作るほうも緊張する。わかめ、湯葉、青唐辛子の入った特製味噌汁も作る。

おいしいときはおいしいと素直に言い、すべて食べるが、少しでも口に合わないと、彼らは堂々と捨てる。七、八割捨てるときもある。ミゲルが作っても同じである。中国人はおいしくても出されたものは残すのが礼儀で、アメリカ人はとりあえずお世辞を言い、食べきれないと持って帰る。日本人は味に関係なく、とりあえず最後まで食べようとする。ミステコ族は、味に関する限り、とても正直に意志表示をする。おいしければ食べ、まずければ捨てる。このどちらかだ。日本人の感覚からすると、これは無礼極まりない態度であるが、彼らは堂々と、こう言う。「もっとうまいものを作れ」。

「おい、たまねぎ入れすぎだよ」

「ブロッコリーがまだ固い」

たまねぎとブロッコリーをきれいに全部皿の隅に寄せ集めながら、ラウールがまた正直に意見を述べる。野菜が嫌いで、歯が何本も欠けている彼は、人一倍時間をかけて、ゆっくりゆっくり食べる。

前述のとおり、一日十一時間、週六日働いて、彼の給与はチップも入れて週二四〇ドルほどだ。時給は四ドル以下（三・六四ドル）。日本人従業員はみな、軽くその倍以上はもらっている。

店のオーナーは日本人に給与を支払うとき、必ずミゲルたち三人のミステコ族の見ていないところで渡す。「あいつら、いつでも札束の厚さをよぅく見てるからな。あとで文句が出るとこっちが困る」。

「俺とお前とではお金が違う。血の色は同じなのにお金が違う。なぜだ」

ラウールが私にこうきいたことがある。

マネージャーを除く日本人には、時給で計算したバイト代が支払われるが、ミステコ族の三人には、時給というものがない。週給いくらと決められている。掛け算・割り算を知らない彼らは、毎週渡されるバイト代に不満を持ちつつも、自分たちの時給を計算することはない。そもそも時給という観念がない。そして、店のオーナーは、彼らの不満を抑えるために、それなりの手を打つ。三カ月ほど働いたら、彼らの週給を二〇ドル上げるのだ。だが、決して定期的に二〇ドルずつ上げるわけではない。あくまでも、不満の矛先をそらせる必要があるとき、その手段として用いるに過ぎない。二〇ドルの昇給とは、時給にすれば、わずか三〇セント上がったに過ぎない。

ニューヨーク州政府の定める最低賃金は、連邦政府が定めるものと同額の、一時間五・一五ドル。しかしニューヨークのミステコ族に関する限り、四ドルが平均的時給である。たとえばこんな具合だ。

一日一二時間、週六日労働で三〇〇ドル（デリ）　時給四・一七ドル。
一日一二時間、週六日労働で二八〇ドル（ベトナム料理店）　時給三・八九ドル。
一日一〇時間、週六日労働で二二〇ドル（雑貨屋）　時給三・六七ドル。

ニューヨーク州にいる不法移民の年間平均所得は、一万二一〇〇ドル[注]と推定されている。一カ月一〇〇〇ドル、週二五〇ドル。ここから家賃・食費・光熱費が引かれ、ようやく仕送り分が残る。これらの中ではやはり、家賃がダントツに高くつく。

〔注〕Immigrants in New York: Their Legal Status, Incomes, and Taxes, by Jeffrey S. Passel and Rebecca L. Clark. April 1998. http://www.urban.org による。

ミゲルのアパート

ミゲルたちはブロードウェイ一一二丁目にある六階建てのアパートに住んでいる。バイト先からは自転車で十五分程度と近い。アパートの外壁ははげ落ち、窓ガラスの代わりにダンボールを貼ってある部屋もある。ミゲルとカタリーノは二階に住み、ラウールは四階に住んでいる。家賃は週二五〇ドル。一人で住んだら光熱費すら払えないから、自然と寄り集まって暮らす。ミゲルの言葉を借りれば、ここは「とにかくミステコ族だらけ」のアパートだ。現に、このアパートに住んでいるトゥビシン村出身のミステコ族を私は何人も知っているし、住んでいなくともこのアパートの存在をほとんどのミステコ族の若者たちは知っていた。

一一四丁目にはコロンビア大学があり、このあたりは学生寮が多い。出稼ぎに来たミステコ族が住むこの薄汚れた巣窟は、そんななかに建っている。極端に言うと、このあたりは夜、遊び帰りのコロンビア大学生とバイト帰りのミステコ族しかいない。コロンビア大学周辺の飲食店で働く、メキシコからの不法出稼ぎ青年たちの半数以上は、ゲレロ州モンタニア地区から来たミステコ族である。

住人以外のアパート内への立ち入りは、日中、管理人により厳しく制限されている。そのため、私はバイトが終わった十一時過ぎに、ミゲルと一緒にアパート内に入ることにしている。厳しいのは管理人ばかりではない。ラウールによれば「ポリシア（警察）がいつもやってきて、アパートの前の通りにただ立っているだけで、『今すぐ建物内に入れ』って言ってくるんだ」。

入り口の厳しい管理とは対照的に、一歩建物に入るとすぐに、野放しにされたままの陰気な空気が漂っているのがわかる。壁じゅうに落書きされ、廊下には屎尿が垂れ流しになっている。廊下と階段は常に汚物とマリファナのにおいが充満し、鼻を突く。廊下にたむろするメキシコ人ふうの青年たち。もしかしたらミステコ族かもしれない。ミゲルは誰にも声をかけることはない。

二階にある十畳ほどの一室に、鍵を三つもかけ、六人でミゲルは暮らしている。その六人とは、ミゲルと妻セネイダ、次男アントニオ、三男マルコンドニオ、マルコンドニオの恋人のスサナ、そして四男カタリーノ。窓際に二段ベッドとシングルベッドを縦に並べて置き、ひとつのベッドに二人ずつ寝ている。二段ベッドの一段目はミゲルとセネイダ。ベッドはカーテンで囲ってある。二段目はマルコンドニオとスサナの空間になっている。シングルベッドはアントニオとカタリーノが共有している。

ベッドに向かって左手は駐輪場だ。彼らの大事な足となる自転車が、三台置かれている。ニューヨークは盗難が多いため、路上に駐輪する者はほとんどいない。ベッドの右手には小さな洗面台と一台のガスコンロがあり、この幅わずか一メートルほどの狭いところで、彼らは料理をする。小さな窓がシングルベッドの横にあるだけで、部屋の空気はいつも換気されずに停滞している。ベッドの向かいの壁にはたんすがあり、その上にテレビとビデオデッキ、それにステレオが置いてある。その横には山積みになったビデオ。

十一時にバイトが終わって家に着くと、ミゲルとカタリーノはまずベッドに座るか寝転びながら、テレビを見て音楽を聴く。昼間働いているアントニオはすでに寝ているけれど、ほかの者は彼を気にせずけっこう大きな音で聴く。テレビの音を小さくして、ステレオで音楽を聴く。ミゲルのところでは、こうして常にどちらもついている。これはミゲルのところだけではなく、実際、多くのミステコ族のところでそうだった。彼らは部屋の明かりをつける前に、まず、テレビとステレオのスイッチを入れる。そして見たいテレビ番組があるときだけステレオの音は消される。

私がミゲルたちとしゃべっていても、カタリーノは一人ウォークマンで音楽を聴きながら、ぼけーっとテレビを見ている。音楽を聴いているのではなく、音を垂れ流しているだけだ。テレビを見ているのではなく、ただ映像を見ているにすぎない。みなベッドに座っているか寝転んでいるから、向かい合ってしゃべることもない。全員、テレビとステレオに向かい合っている。今までに彼らをベッドから引きずりおろしたものはひとつだけだ。「ダニにくわれたときはマイッタよ」。そのときばかりはテレビどころではなかったそうだ。

テレビとステレオの両方ともが消されるのは二時か三時頃。家とバイト先の往復の毎日。ビデオとCDの数ばかりが増えていく。ミステコ族の場合、それらの数でニューヨークにどのくらいいるのか大体わかってしまう。休日は何をしていたかと聞いても、答えは決まって「寝ていた」「別に」「洗濯」「散歩」「テレビを見ていた」のどれかだ。散歩といっても、いつもセントラルパークだ。まだ誰も、ＪＦＫ空港を降り立ったその日から、ただの一度もニューヨーク市内を出たことすらない。ミゲルが初めて自由の女神を見たのは、ニューヨークに来て五年目だった。それまでは「どこにあるのかわからなかったから」行きようがなかった。私と一緒に行かなかったら、今でも知らないに違いない。

期待はずれの習得

「はな」から一ブロック離れたブロードウェイ八七丁目にある、ベトナム料理店「ハノイ」（仮名）の地下にある厨房では、七人のミステコ族が働いている。仲間同士ミステコ語でしゃべる横から、中国系の料理人がいつものように彼らにスペイン語で指示を出す。一階の店内ではウェイターとウェイトレス同士が中国語をしゃべり、客席からは英語の笑い声が聞こえてくる。レストラン内におけるこういったミステコ語、スペイン語、中国語（これはウェイター、ウェトレスの出身地により変化する。「はな」の場合は日本語になる）、英語の四重言語構造は、そのままニューヨーク社会の階級と一致する。英語をしゃべるものが皿を洗い、客がミステコ語をしゃべるということは絶対にありえない。ただ、ミステコ語のところはナワトル語やトラパネコ語がとって代わることはある。

「はな」からアムステルダム街を二ブロック下がったところにある日本料理店「だるま」（仮名）

で働くミステコ族のアンヘルは、こう言って苦笑いした。

「君はいいなあ、英語ができて。俺なんか厨房でレオナルド（ナワトル族の青年）たちの会話ばっかり聞いているから、最近何だかナワトル語がわかってきちゃってさ。おかげで英語はいまだにチンプンカンプンだよ。ニューヨークに来てまさかナワトル語を覚えるとはねえ、思いもよらなかったよ」

「じゃあ、レオナルドは」と私が言うと、

「あいつはだから、ミステコ語が少しわかってきてるんじゃないかな（笑）」。

料理とは仕込みのことである。実際に調理する時間は、仕込みに使う時間と比べたら微々たるものだ。味の問題を別にすれば、仕込みこそが料理を支える土台であり、労働の中核である。寿司で言えば、まず魚のうろこを落とし三枚に下ろすところが、その土台となる。

アンヘルは毎週一、二回、サケを丸ごと一本下ろす。他の者も寿司ネタとなる茹で上がったエビの殻を一つ一つむいたり、野菜を切ったりしている。「だるま」の地下では、ミステコ族が二人とナワトル族が二人、それにエスパニョール（スペイン語だけしゃべるメスティーソを彼らはこう呼ぶ）が二人働いている。ミステコ族とナワトル族の四人は、ミゲル同様ゲレロ州モンタニア地区の、シャルパトラウア行政区から出稼ぎに来た。地下の厨房では毎日、ミステコ語、ナワトル語、スペイン語が飛び交い、そうして料理の仕込みが行なわれていく。

ここから四ブロック離れたコロンバス街にある日本料理店を私が初めて訪れたときも、開店前の午後二時過ぎ、厨房では日本人の横でミステコ族のアルベルドが、一人黙々とサケを下ろしていた。ニューヨークに来て三年、包丁の使い方だけがうまくなっていく。労働集約的な仕事において、ミステコ族は必要とされる。

危険な町

ミゲルは最近、ウォークマンで好きな音楽を聴きながら帰宅するのをやめた。危険だからだ。音楽を聴いているとそちらに気をとられてネグロに襲われやすい、というのがその理由だ。ミゲルは以前に一度、ネグロに襲われかけている。

ある日、ミゲルが道を歩いていると、向こうからネグロの二人組が歩いてきた。そしてすれ違いざまに、一人が突然背後から彼の腕を掴み上げようとした。もう一人が目の前に立ちはだかったとき、彼は渾身の力で腕を振り払い、その場を全速力で走り去った。二人の男は追ってこなかった。

こんなこともあった。まだ自転車を持っていなかったときのこと。道端であるネグロが「この自転車を買わないか」と話しかけてきた。いくらかとミゲルが聞くと「百ドル」とその男は言った。少し考えた後、手ごろな値段だったので買おうと決め、お金を取り出して手渡した瞬間、男は自転車とともにあっという間に走り去ってしまったという。「そのときはあっけにとられて体も動かず言葉も出なかった」。それ以来、向こうから話しかけてくる物売りには近づかないことにしている。

アムステルダム街を走って帰宅するのもやめた。ネグロが多いからだ。隣りのブロードウェイの方が夜遅くなってもまだ人通りはあるということで、そちらを使うようにしている。だが配達のときは仕方がない。ラウールは以前、アムステルダム街一〇〇丁目付近で、一人のミステコ族の青年が数人のネグロにからまれ暴行されているのを見かけた。

「彼は俺のアミーゴ（友人）だった。配達途中にからまれたんだ。助けたかったけど怖くて何もできなかった……」

お金は常に靴の底に隠すことにしているとラウールは言うが、どこまで効果があるのだろうか。カタリーノにも苦い経験がある。ある初夏の日、まだ暮れきっていない夜八時ごろ、家のすぐ近所の道を歩いていたときのことだった。自転車に乗ったネグロが二人近づいてきた。そして、彼をはさむように自転車を止め、「一ドルくれないか」と言ってきた。カタリーノは「ない」と答え、そして続けて「失礼します」と言った瞬間、男たちは突然殴りかかってきた。ウォークマンと現金十五ドルを奪われた。唇は青白く腫れ上がり、顔面数カ所に痣（あざ）ができた。その日の晩、ミゲルたちがバイトから帰ってきて、「飯は食ったか」と聞いてきたが、カタリーノは「食った」と一言だけ言い、あとは何も言わずベッドで寝たふりをした。次の日、店のマネージャーがカタリーノの顔のけがに気づき、ようやくカタリーノはミゲルに事情を話した。

こういった恐喝と暴行は枚挙にいとまがない。

これとは別に、ミステコ族にとってニューヨークは潜在的にも危険な町だ。「だるま」で何年も働いていたミステコ族のムセースは先日の土曜日（二〇〇二年七月十三日）、突然バイトを辞めた。

「ナワトル族のやつがどうにも気に食わなかった。今日もやつが先に突っかかってきたからはね返してやった。デカイだけの腰抜け野郎だ。それに、バイト代は安いし、最近配達も少なくなってきてチップでは稼げなくなってきているから、辞めることにした」

一日十一時間労働を週六日。ムセースはニューヨークに来て以来四年間、「だるま」一筋で働いてきた。店はこれだけ使っておいて週二百ドルしか払っていなかった。時給三・〇三ドルで週六十六時間、四年間働かせる。これはどう考えても尋常ではない。配達によるチップは週三十ドルぐらいだった。

次の週の火曜日の朝八時頃、一一六丁目を走るバスの中で、たまたま私は彼に会った。「仕事のほうは」ときくと「今から日雇いの建築現場に行くところさ。時間も仕事内容もお金も知らないけど。ただ友だちから紹介されたから行ってみようかなと思って」。「建築現場の作業って大変だろ」ときくと「やったことがないからわからないよ」と彼は言った。

先日、ハーレムの一〇八丁目の道をミゲルが歩いていたときのこと。新築二階建ての賃貸住宅の建設現場を通り過ぎたとき、突然横から一人の男が「ちょっと働かないか。一日六十ドルだ」

と言ってきた。六十ドルには惹かれたが、ミゲルは断ったという。「今の店が気に入っているから」とミゲルは言った。ラウールの友人は、アッパーウェストの九六丁目あたりの建築現場で働いている。

ニューヨークの飲食関係の店、もしくはデリやスーパーの店で働くことができない場合、彼らの次の選択肢はまちがいなく建築現場である。なぜか。雇用主が彼らを欲するからだ。なぜ欲するか。低賃金ですむし、アメリカ人がやりたがらないような危険で汚い仕事でも彼らはやるからだ。だが、3K（きつい・危険・汚い）の仕事を望んでやりたいと思う者などいない。ただ、彼らの多くはメキシコ国内ですでに農作業や物売りといった単純作業に従事した経験があり、ある意味で慣れ親しんだ仕事だとは言える。そのため、手っ取り早く雇ってもらえる3Kでしかも単純な労働作業を見つけ、あとは従順になってできるところまではやる、という態度が染みついている。

彼らはそうして人生を歩んできた。だから、よく言われる「（メキシコ不法移民は）職を失うのを恐れているからどんな仕事でも拒否せずにこなす」というのは、ニューヨークにいるミステコ族に関しては当てはまらないように思う。それどころか、いとも簡単に彼らは仕事を変える。労働意欲というのは、置かれている状況に対して能動的になったとき初めて見られるものであるが、彼らにそれは微塵も見られない。誤解を恐れずに言うなら、彼らの生活はじつにあっさりした浮浪の生活だ。ニューヨークに来るまでのミステコ族の昔の生活ついては、あとで述べてゆきたい。

全米におけるヒスパニック系の建築労働者数は一九九六年から一九九九年にかけて二〇〜三〇パーセント増加した。それと対をなすように、ヒスパニック系の建築現場における死亡者数は、一九九六年の一三三人から一九九九年には二二三人へと六八パーセント増加した。工業労働者一〇万人に対する死亡者数（一九九九年）を見ても、ヒスパニック系は白人・黒人より高い数値を示している（白人四・四人／黒人四・一人／ヒスパニック五・二人）。

なぜこうなるのかには、いくつか大きな理由がある。まず、彼らは満足な安全訓練も受けずに現場に直行することが挙げられる。説明すら受けたことがないのだから、それを怠る事業主に対しての文句も出ない。労災保険もない。たとえば、前述のムセースのように「（建築現場作業がどういったものなのか）やったことがないからわからない」にもかかわらず、いとも簡単に従事してしまう。即日現金払いにまさる条件はない。

次に、言葉の問題も障害になる。建築現場での単純労働は私も何カ月間か経験があるが、最も重要なのは、作業中お互いに声をかけあうことである。だがときには一人での単純作業もある。資材移動や清掃、ガラ出し（コンクリート破片の撤去）などだ。下請けの下請けで、さらに実作業経験がないとなれば、そういった仕事が回ってくるのは当然だ。3KにT（単純な）がついてくる。そして、そういった作業を何時間もしていると、人間の注意力はどうしても散漫になってくる。そうした時、突然「Watch Out！（危ない）」と言われても、たとえ片言の英語がわかったとしても、それが外国語ではどうしても反射的に機敏に反応できない。建築現場では、これが命取りとなる場合がよくある。それがムセースやミゲルのようにスペイン語すら流暢でない者の場合はどうなるか、想像に難くない。

労働統計局のある調査によれば、重傷を負ったヒスパニック系労働者の一二パーセントは、その日が仕事初日であったという。最も事故に遭う可能性の高い者が、社会の中で最も3Kの仕事に近い位置にいる。事故に遭うべくして遭っているのである。ノースカロライナ大学で疫学を教えているダナ・ルーミス教授によれば「移民を含めた差別的雇用の長い歴史がこの国には存在しており、その結果、長い長いあいだ最も汚く危険な仕事を常に移民がしてきている」（「ニューヨークタイムズ」二〇〇一年七月十六日付）。

ミステコ族は、今その最前線にいる。

売春宿と避妊

カタリーノは、日本人のウェイトレスに言わせると「ジャニーズに入ってもおかしくない」ほどの美少年だ。そんな美少年も、仕事中少しでも暇になると、よく新聞の女性の下着の広告を見ている。年頃だ。

「なんでブランカ（白人女性）ばかり見ているんだ」。私は横から彼の顔をのぞきこみながらきいてみる。「ラトニ（きれいだからだ）」。「そうか。じゃ、ネグラ（黒人女性）は」――「コウ＝

ラトニ（きれいじゃない）」。

率直な意見だ。私は続けて聞く。「チナ（中国人）は？」「……」。「ハポネサ（日本人）は？」「（日本人ウェイトレスの）マキちゃんはかわいい」。「メヒカーナ（メキシコ人）は？」「……」。「ミステカ（ミステコ族）は？」「ブランカ＝マス＝ボニータ（白人はもっときれいだ）」。早口のスペイン語で答える。ミステコ族の妻を持つミゲルとラウールもそれぞれ、ブランカはきれいだと常々言う。

もっとも、新聞の広告に使われているモデルはほとんどが白人だし、黒人・アジア人といっても、目鼻立ちは白人のそれに近かったり、逆に妙に違いを誇張したモデルであったりするし、結局、メディアによる美意識の画一的な統合は白人主流で……。

「で、お前は何が好きなんだ」

今度は珍しくカタリーノが質問してきた。ミゲルたちも仕事の手を休め、私を見る。

「俺かい。俺は、コットイ＝トド＝ラトニ＝ナバリ！（きれいな女性はみんな好きだ）」

三人一同「デヘヘェ」と笑顔になる。「ヤサ（そうだろ）」と私が言うと、さらに「デヘヘヘヘェ」。

三十四歳で妻子もちのラウールは、不動産広告に見入っている。一戸建ての家の写真を指さして「この家は売り出されているのか」ときいてくるから、「そうだよ。売り出されているんだ」と答えると、その横に書いてある数字を指さして「じゃ、この数字は家の値段だろ。ペソか、それともドルか、どっちだ」。「そりゃドルだ」と私が言うと「ドルか。ヒーッ、そりゃ高いな……」(一ドル=約九ペソ)。プール付きの豪邸は私でも手がとどかない。

ミゲルもときどき新聞をぱらぱらめくっている。だが意味など分かっていない。写真がないと上下逆さまに見ているときもある。ミゲルが六歳のとき、一年間学校へ行った経験があるほかは、誰も教育を受けていない。ラウールが何とか一分ほどかけて自分の名前を書くことができるほかは、三人ともそれすら満足に書けない。彼らの日常の楽しみは音楽にテレビ、そして酒だ。

私たちが働いている店「はな」の隣りには、小さなメキシカン・バーがあり、毎晩遅くまでやっている。たまに寄って飲むことがある。大音量で流されるメキシコ歌謡曲を酒の肴にビールだけでは物足りず、コカインを堂々と吸いだす者もいる。ウェイトレスも見て見ぬふりだ。

仕事はたしかにきつい。十一時間労働は尋常でない。仕送りや家賃で多くの金が消える。ただ、一個一ペソで売れる棕櫚の帽子編みのように、金にならぬ仕事はここにはない。見返りのない社会において、どうして一生懸命働くことができようか。何もないけれど豊か、という表現は、貧困を知るものには何の説得力も持ち得ない。彼らにもし理想の労働があるとすれば、それは今すぐ目に見える形で何かに還元されて返ってくるものでなければならない。それが労働の必要条件であり、十分条件でもある。そこに、今後その技術を生かしたいとか、能力を伸ばしたいとか、働きながら学びたいといった理想が入り込むすきはない。そこまで長い目でものを見るところまで、彼らの意識はまだ届いていない。

「そんなに料理がうまかったら、村でお店でも開いてみたら」

私はミゲルに何度かそうきいたことがある。働きぶりだけ見ていると、十分可能な気がしてくるからだ。けれど彼の返事は決まって「誰も来ないよ」。半分笑いながら、彼はそう答える。「じゃあ、（近くの町の）タンダイでは」ときくと、「怖いから住みたくないなあ」。店を持つことなどはじめから眼中にない、といった言い方だ。それはそうだろう。彼らはメキシコで誰もが持っているものすら持つことができなかった。今ようやく、ニューヨークで、普通のメキシコ人になれる機会にめぐり逢えたのだ。まずは、その「普通のメキシコ人」になりたいのは当然だ。「誰も」が当たり前のように持っているもの、それを手に入れるために、働く。服に靴、帽子にピアスに化粧品、酒にタバコ、それに女。

アッパーイースト地区一一七丁目にある一軒のアパート。ここの一階は売春宿になっている。入り口のところに、メキシコ人らしい若い男がこちらをじろじろ見ながら立っている。セーターの胸のところには大きな星条旗が刺繍されている。聞くとその日はもうやっていないという。仕方がないから、その青年と少ししゃべってみる。

「いくらだ」「ベインテ＝シンゴ（二十五）」。「二十五ドルか。メキシコ人か」「ああ、全員メキシコ人だ」「そうか。ところで、君もメキシコ人か」「そうだ」。

思ったとおりメキシコ人だ。いつものように私は突っ込んで聞いてみる。

「メキシコのどこ出身だ？」「ゲレロだ」「ゲレロのどこだ？」。

〝なぜそんなことまできく、変なやつだ〟といった顔を彼はするが、私にとってはいつものことだ。ゲレロ州出身……、その先を、知りたいのだ。

私はこう続ける。

「なぜって、ゲレロについて少しばかり知っているからだ。で、ゲレロのどこなんだい」「……トラッパ」。タンダイのことだ。「トラッパか。本当にトラッパか。小さな村じゃないのか。プラタナール（トゥビシン）とか、クーバ・リブレ（クーバ）とか……」。

そう私が言うと、今度は、〝こいつはほんとに変なやつだぞ！〟といった表情に変わる。「なんでそんなことまで知ってる！」「行ったことがあるからだ。ところでお前、ミステコ族か」「そうだ」。

初対面では誰もが狐につままれたような顔をする。私は彼に挨拶をする。「クワタ」「ダチナニ？（名前は）」「ミチコヨ＝ベエ？（どこに住んでる）」。彼は言葉をうしなったまま、目をひんむいて私を見る。その後もう少し話すと、彼は隣りのアパートに住んでおり、タシン出身のミステコ族であることがわかった。

二十五ドルはニューヨークでは半日分の給与だ。だが彼らの村ではそうではない。りんご十個で五十セント、ビール一本四十セントの世界だ。二十五ドルとは、建築現場で四日間、もしくはトウモロコシの収穫の半日バイトを一週間してようやく手に入る額だ。そして村では、そもそも十代の若者がバイトにありつくということすら不可能に近い。十代前半までは放牧、後半はまき割り、それが男の仕事と決まっている。じみちに棕櫚の帽子編みなどしていては二カ月かかってしまう。村にいる年頃の女性は、洗濯のとき以外は一日じゅう家の中だ。年少の妹がいる場合は、洗濯はもっぱら彼女たちに任せ、年頃の女の子は料理を担当する。トルティーヤ作りは女性の重要な仕事のひとつで、ミゲルの母イザベルによれば「十五歳になったときから習わせる」のだそうだ。だから、青年たちは、祭りのときだけ彼女たちとしゃべることができる。

ラウールは売春宿へ行って休日を過ごすことが多い。前述したように、コロンビア大学近くには「とにかくミステコ族だらけ」のアパートがある。彼は四〇三号室に住んでおり、同じ四階にある四一二号室は売春宿になっている。働いているのはメキシコ人やドミニカ人などヒスパニック系の女性ばかり。ここでも一回二十五ドル。彼は週一度の休みの日、ここで二百ドル以上使うこともあるという。ニューヨークにきて二年。村に残してきた妻と二人の子供とは、ただの一度もしゃべっていない。「あと二十年はここにいたいね」とラウールは言った。

またある別のメキシカンバー。店の看板にはピザと書かれているが、ピザなどどこにも置いてはいない。外壁の角にはペンキで聖母グアダルーペが描かれており、その横には覆面をしたサパティスタの副司令官マルコスの顔が、壁じゅう一面に描かれている。

二〇〇一年十二月下旬、冷たい風が吹き荒れていたある日の夜、初めてそこを訪れた。中に入るとだだっ広いホールがあり、天井が五、六メートルと異常に高い。メキシコ人の若者が四十人ほど店にいる。各テーブルには、ぴっちりしたミニスカートをはいたこちらも若いメキシコ人女性が座って、一緒におしゃべりをしてビールを飲んでいる。彼女たちはいくつものテーブルを回っては、違う客とおしゃべりをしている。「もし気に入った子がいたら俺が代わりに呼んでやるよ」と、私の向かいにいるミチョアカン州出身のアルトゥロという名の青年が、ビールを片手に耳打ちしてきた。

店に入って二時間ぐらいしたころから、一組また一組と若者たちが踊りだした。「二ドル払うと彼女たちと一曲踊れるよ」と、あるミステコ族の青年が教えてくれた。なんだか教えられてばかりだ。曲がかけられるたびに、店内には「ゲレロ州のみんなへ！」とか「プエブラ州のために！」といったメッセージがこだまする。あっという間に十五組ぐらいが踊っている。私の後ろに座っていたナワトル族の青年も、いつの間にか席を立っていなくなっている。

「地下は客とホステスのための部屋になっているのさ」

ビールを片手にアルトゥロがまた私に耳打ちしてきた。毎晩必ず来るという彼によれば、毎晩こうして十二時頃から翌朝までダンスパーティ会場と化すそうだ。入り口は常に内側から釘で鍵がかけられ、常連客がかわるがわる守衛として立っている。

売春宿の情報を、彼らはどのようにして手にしているのだろうか。もちろん口コミがほとんどにちがいない、と思っていたがそうでもないようだ。

ミゲルと弟のアントニオとともに、アッパーイースト地区一一六丁目にあるメキシコ料理店へ行ったときのこと。このときは珍しく彼らが私を誘っての食事だった。どこへ行きたいかと聞くので、何度か行ったことのあるそのメキシコ料理店はどうかと私は言った。彼らはそこへ行ったことがないと言うので、私としてはちょうどよかった。

店に入り、われわれが席に着こうとしたとき、隣りのテーブルに座っていたメキシコ人ふうの青年が、アントニオに何か紙切れのようなものを差し出した。アントニオは暗黙の了解のようにしてその紙を受け取り、席についた。言葉を交わさないところをみると面識はないようだ。「それ何だったの」ときくと、少し笑みを浮かべて「売春宿の住所さ」と言って、彼は四枚もらった紙のうちの一枚を私に手渡した。名刺の五分の一ほどしかないその小さな紙切れには、ここから目と鼻の先のところにあるひとつのアパートの住所が書かれていた。

「＊＊＊117th–118th 1Av」

もしかしたら、これを読んで「女性の気持ちを踏みにじる買春にばかり走るミステコ族は最低な人間だ」と思う人がいるかもしれない。そういう人のために蛇足的にひとこと付け加えておきたい。

「なぜ子供がいない。お前には恋人がいるのになぜ赤ちゃんができないんだ」

ミステコ族の友人たちはよく真顔できく。彼らの村にはどこにも避妊具など売ってはいない。ミゲルが生まれたとき、彼の父マリオは十三歳、母イザベルはわずか十一歳だった。とにかく人手が必要な村社会において、避妊の必要性などはじめからなかったに等しい。こんにちでもその状況は変わっていない。彼らの中に、避妊の知識をしっかりもっているものは極めて少ない。

そうした彼らがどんどんニューヨークに流れてくる。そして日々、十時間以上の３Ｋの仕事に耐えながら、今まで満たされなかった欲望を満たしていく。仕事をすることと欲望を満たすことは表裏一体なのだ。彼らはそこで、初めて自由を知る。村にいてはデートすらできない。そもそも恋愛結婚など存在しないのだ。長男ミゲルがセネイダを選んだのは「近所をちょっと見て気に入った娘(こ)」を選んだにすぎない。四男カタリーノは、来年になったら結婚相手を探すために村に一度戻るという。それが村では普通なのだ。

「以前何人か付き合っていた恋人がいた」と私が言ったとき、彼らは目をまん丸にして『何人か』って一体全体どういうことなんだ！」と驚いたものだった。避妊を知らない彼らにとって、性交渉とは妊娠・出産に直結する行為となる。その意味においては、ニューヨークに来てはじめて、彼らはそうした「しがらみ」から解放されたと言えなくもない。そうした彼らの背景を知れば、買春に走るミステコ族だけを責めても意味がないのではないか。彼らの買春を伴って、ニューヨークのレストラン産業は成り立っているのだ。もっといえば、３Ｋ＋Ｔ（単純な）作業をしてくれるのであれば誰でもいいという雇用体制のほうこそ、見直す必要があるように思える。

ところで、ここにも潜在的にひとつの深刻な問題が潜んでいるように思う。出稼ぎに行く者の男女比は圧倒的に男性が多い。そして不特定多数との性交渉、村での多産。彼らのこの状況は、エイズ感染爆発の深刻なサハラ砂漠以南の国々と非常によく似ている。それらの共通項の原因となっているのは、貧困・社会不安による移動の多い生活である。もし近い将来、ミステコ族が衰亡するとしたら、その原因は移民問題の合併症とも言うべきエイズになるだろう。

移民史としてのアメリカ史

カリフォルニアにもミステコ族はいる。全米の中では、カリフォルニアに、ミステコ族は最も多くいる。そして、彼らのほとんどが、ゲレロ州の東に隣接するオアハカ州出身である。トゥビシンからカリフォルニアへ出稼ぎに行っているものは一人もいない。一般的に、オアハカ州のミステコ族はカリフォルニアへ行き、ゲレロ州のミステコ族はニューヨークへ行く。出身地は隣り同士でも、出稼ぎ先は大陸の東西端に分かれている。オアハカ州のミステコ族が農場で野菜や果物を穫り、ニューヨークのミステコ族がそれをスーパーで陳列したり、厨房で切ったりしている。ミステコ族は全米一よく働く出稼ぎ労働者である。

そのオアハカ州から来てカリフォルニアで働くミステコ族については、じつは三十年以上も前からさまざまな実態調査がなされてきている。カリフォルニア大学で長年オアハカ州のミステコ族について調査している文化人類学者、マイケル・カーニー氏によれば、彼らの移住は一九六〇年代にまでさかのぼるという。七〇年代、八〇年代とその数は増加の一途をたどり、九〇年から九一年にかけての実態調査では、その数を二～四万と推定している。そして収穫期には、その数は五万となり、じつにオアハカ州のミステコ族の五人に一人がカリフォルニアで働く計算だ。

また、最近同じくカリフォルニア大学が参加して行なわれた別の実態調査における報告[注1]では、カリフォルニアに八〇万人いる農業労働者のうち、一〇〜一五パーセントはミステコ族であるとし、一〇万人前後のミステコ族がカリフォルニアの農園で働いていると推測している。

さらに、一九九九年から二〇〇〇年にかけて、フロリダ州やカリフォルニア州など六州において、別のグループによって行なわれた実態調査[注2]では、収穫期に働く十八歳以下の若者のうち、四分の三がミステコ族やサポテコ族、マヤ族といった少数民族であり、三分の一が十五歳以下であったと報告している。

アメリカ本土には、何千年も前から何百というアメリカ先住民族が暮らしているが、メキシコからやってきたミステコ族は、チェロキー族、ディネ族に次いで、いまやアメリカ国内で三番目に人口の多い少数民族（モン族などの難民は除く）となっている。現在カリフォルニアでは、英語・スペイン語・ミステコ語の三言語を解する若者も出てきているし、ミステコ語のラジオ放送も週一度のペースであるという[注3]。

農業がこんにち、アメリカ人の手を離れてしまっていることは、アメリカ人自身がいちばんよく知っている。が、問題は、彼らがみずからの手で農業をしていた時代があったかどうかも疑わしいという点だ。

一家が団結しての大農園経営は、大なり小なり黒人奴隷酷使の上に成り立っていた。十九世紀には、大陸横断鉄道建設を終えた中国移民がそれに加えられた。一八八二年の中国人排斥法により、代わって導入されたのが日本人である。その後もフィリピン人からオーキー（砂嵐により土地を追われたオクラホマ州の農民）と、低賃金労働をしてきた移民のバトンタッチによって、アメリカ農業の多くの部分は支えられてきた。

メキシコ人が北へリクルートされたのは一八八〇年代からだ。農場や企業の雇用主たちの後押しを受け、アメリカ政府は大規模なメキシコ人補充戦略を開始する。中国人排斥法もその理由の一つであるが、それ以前のカリフォルニア割譲[注4]（一八四八年）が大きな理由である。メキシコの土地は奪われ、人々は労働力として確保された。

第二次大戦中も、国内の労働者不足を補うため、大量のメキシコ人が北へ連れてこられた。特に、一九四二年から一九六四年まで続いたブラセロ計画[注5]では、四〇〇万人ものメキシコ人が、時給一ドル以下で農業に従事させられた。現在、うち三〇万人が過去五十年間の給与保留を理由に、アメリカ政府を相手取り訴訟を起こしている。利子も含め、賠償額は総額五億ドルである。

こうしたアメリカ農業の歴史を見れば、二十世紀後半にオアハカ州から出てきたミステコ族は、農業主にとっては新しくて安い格好の労働力だ。だが、少数民族であろうと仕事の内容に変わりはない。アメリカ社会の最底辺というバトンが彼らに回ってきただけのことだ。

このバトンタッチは、なにも農業だけに限らない。ニューヨークのレストラン産業でも、そのバトンはきちんと存在する。

「少し前まで皿洗いといえばアフリカ系移民ばかりだったけどなあ。五、六年前からか、みなメキシコ人になった」

「はな」のオーナーは私の横でそうつぶやいたが、彼にとっては皿をきちんと洗ってさえくれればべつにどうでもいい変化であろう。ニューヨークがいくら人種の坩堝といわれようと、実際には、第三世界をそのまま受け入れ、社会の最底辺に組み入れながら肥大化していくアメリカ資本の一部分であることにはかわりはない。ニューヨークのレスラン産業は、たえず第三世界を受け入れなければ失速してしまうアメリカの象徴的なところであり、「はな」はその末端にすぎない。

だが、ミゲルたちにとっては、その変化は大いに関係のあることだ。極貧の村にあっては北へ行かざるをえなかった。皿を洗うために彼らはニューヨークに来た。村に残るのは老人と女子供ばかり。奴隷貿易時代、男たちが根こそぎ姿を消した村と似たようなものではないか。

移民現象とは二カ所で起こるものだ。だから「移民こそがアメリカ史」というのは、移民の半面を語ったにすぎない。移民で空っぽになった村も、アメリカ史とは無縁ではありえないからだ。もう半面は「移民史こそがアメリカ」。アメリカのひき起こした、世界中の無数の移民史。ミゲルたちの村トゥビシンは、それらの中でわずか十年足らずの、もっとも短い歴史を持つ場所である。

[注1] “Practical Research Strategies for Mexican Indigenous Communities in California Seeking to Assert Their Own Identity”, Ilene J. Jacobs and Edward Kissam.

[注2] No Longer Children, Case Studies of the Living and Working Conditions of the Youth who Ha

rvest America's Crops, 1999-2000, Aguirre International.
[注3] 週一度、午前十～午後二時まで、音楽やおしゃべり、情報などを提供しているラジオ番組。"La Hora Mixteca（ミステコの時間）". http://www.radiobilingue.org
[注4] メキシコ・アメリカ戦争（一八四六―一八四八）に敗れたメキシコは、一八四八年、グアダルーペ・イダルゴ条約により、テキサスからカリフォルニアにいたる北部領土を一五〇〇万ドルでアメリカに割譲した。
[注5] 季節農業労働者の合法的な移民受け入れ協定。多いときには、年間五〇万人ものメキシコ人がアメリカへ出稼ぎに行った。

少数民族の見方

ミステコ族をはじめとする少数民族の数は、ミゲルの出身州であるゲレロ州より、オアハカ州のほうがはるかに多い。それもそのはずで、オアハカ州はメキシコ国内で少数民族が最も多く住む州なのだ。メキシコを紹介している本、旅行雑誌、紀行文などのどれを見ても、少数民族といえばオアハカ州一色である。そのため観光客も多く訪れる。

中国で言えば、雲南省がそれに当たる。雲南省といえば少数民族、少数民族といえば雲南省とこだまのように返る。中国に五十五ある少数民族のうち、雲南省には二十五の少数民族が暮らしており、「少数民族の宝庫」などというじつに奇妙な表現がよくなされる。民族衣装を着た女性たちが集まる市場や民族工芸品を売る店、もしくは貧しいながらも昔ながらの素朴な生活というようなものを、旅行者は見て帰ってくる。

だが中国で最貧省と言われているのは雲南省ではない。その東隣りにある貴州省である。少数民族が、二番目に多いところだ。ここは、十七の少数民族がいるにもかかわらず、訪れる観光客は非常に少ない。ゲレロ州は、ちょうどその貴州省のようなところである。少数民族が多いところほど貧しいとは限らない。むしろその逆の現象もよくある。貧しいところにおいては、観光客が少ないところほど、より貧しい。

地理的にも、オアハカ州や雲南省は、少なくともゲレロ州や貴州省に比べるとましである。雲南省には昔からベトナム、ラオスへと続く交通路があり、人も含めた物流交易の発展を促進してきている。オアハカ州にもメキシコシティからグアテマラへと続く交通路がある。モンタニア地区最大の町タンダイはバスの最終駅、どん詰まりのところにある。だから、少数民族の現在置かれている真の状況を見たければ、少数民族の最も多くいるところは避けるべきだと思う。交易ルートから外れた、二番目か三番目に少数民族が多い場所ほど、より貧困である傾向が強く、観光産業にすら見捨てられたために、状況は絶望的でゲリラも多い。

少数民族を「売り」にする場合、言うまでもなく、なるべく民族衣装や昔ながらの土着の祭り、原始宗教などが残っているところが望ましい。政府は外貨獲得のため、そういった観光都市、地域、村、民族をできるだけ少数に絞る政策をとる。そしてそれらを集約し、大々的かつエキゾチックに宣伝し、商業化させる。たとえば、貴州省にはミャオ族という少数民族が多くおり、そのミャオ族の民族衣装を作っているというある工場を、私は訪れたことがある。そこで働いていたのは、ミャオ族よりさらに少数派のゴージャ族の女性たちであった。先進国の旅行者はこの程度の内容でも十分楽しんで、小銭を落としていってくれる。

トゥビシン村にはミステコ族の民族衣装を持っている者は一人もいない。マリオの家の居間には、民族衣装を着て、花の入ったかごを担いでいるアステカ族の女性の描かれたカレンダーが貼ってある。その上には、米国でも絶大な人気を誇る、コロンビア出身の女性歌手、シャキーラのポスターも貼ってある。イザベルによればどちらも、「どこからかもらってきた」。原始宗教はとうの昔になくなり、村民全員、敬虔なカトリック教徒である。そのため祭りはすべて「サンミゲルの祭り」とか「サンフランシスコの祭り」といった、聖人に関するものだ。村最大の祭りは、毎年一月十一日から三日間行なわれる「グアダルーペの祭り」である。私自身、実際に見たことはないけれど、少なくともその様子はビデオで何度も見たし、ミゲルからいろいろ聞いたりもした。

その日には、バケツ、ほうき、食器などの日用雑貨や衣類を売る店が村じゅうで商いを始め、色とりどりの華やかなテントが村一面を埋め尽くす。他村からもどんなものかと人々が大勢つめかける。楽隊も村単位で敬意を表しにやってくる。そんな中、村のバスケットコートでは、久しぶりに郷里に戻ってきた若者たちが、向こうで覚えた英語の俗語、罵声を織り交ぜながらバスケットの試合に没頭する。

午後にはロデオ大会も行なわれる。トウモロコシ畑を均して競技場とし、円形に木で柵を作り前々から準備しておく。乾季のため土も乾燥しておりちょうどいい。その中にカウボーイ姿の男たちがロープを片手に集まっている。この大がかりで贅沢な余興を楽しもうと、柵の周りには多くの見物人も集まっている。荒馬でやるのかと思ったらそうではなく、村人の飼っている温厚な牛を使うようだ。まずは牛を座らせ、踏んだり蹴ったりロープで引っ張ったりして、時間をたっぷりかけて怒らせる。牛はようやくムクッと立ち上がり、二、三回後ろ足を蹴り上げる。しかしそれだけで、あとはすぐにいつもの放牧中ののろまな牛に戻ってしまう。だから勝負は五秒以内についてしまう。牛を怒らせるために費やす時間が圧倒的に長い。一回一回牛を変えるが、どれも似たようなものだ。それでも村民たちは気長に眺めている。マリオたちは新築の家の屋上から立ち見をしている。段取りがうまくいかずにシラけてしまった学芸会のように、ロデオ大会は最後まで一応続けられる。

夜は最大のイベントが待っている。まずはスペイン語でピニャータと呼ばれる、ちょっとした仕掛け花火を見る。そして、大金をはたいてどこからかバンドを呼んで、スペイン語のポップ音楽に合わせて踊る。バンドを呼びはじめたのは一九九八年からで、二〇〇一年には三万ペソも出してオアハカ州から呼んだそうだ。

大人も子供も学校の先生も踊る。会場は村のバスケットコートである。みなニューヨークで買ったり、お土産にもらったりした服を着て最高におしゃれをする。気に入った相手をものにしようと男の子たちは競い合って女の子に手を差し伸べる。村の老人たちもビール片手に酔っ払いながら踊る。中年男性たちも、息子たちの稼いだ金であるにもかかわらず、ベロベロに酔っ払っても際限なく飲み続ける。もしかしたら、大人たちにとっては自分の稼いだ金ではない後ろめたさによるやけ酒なのかもしれない。だが、やけ酒ならまだ救いがあるだろう。そういった自覚もなく、ただたんに「祭りだから」という理由で飲んでいるとしたら、ニューヨークで働いている息子たちはどう思うだろうか。こうして年に一度の舞踏会が終わるのは深夜三時。なに一つ「ミステコ族ならでは」の行事はない。

「（ミステコ族は）古写本、祭事用陶器、金細工に高い技術を持ち、（中略）衣装、陶器、籠などの製作に高い技術と芸術性を示す……」（『世界大百科事典』平凡社）

もはやミステコ族として誇れるものはなに一つなくなった。ただし、「出稼ぎ少数民族」という点を考慮すれば、これほど「ミステコ族ならでは」の祭りはないだろう。よってこんなところに観光価値など生まれようがない。

だが、じつはこういった村が、このモンタニア地区シャルパトラウア行政区では大半なのだ。観光に依存してしまっている村も問題ではあるが、少なくとも見捨てられるよりはましだろう。見捨てられてきた者たちは、しばしばいがみ合いながら生きるからだ。一九八二年、ミゲルの村では、隣り村クーバと土地をめぐっての抗争があった。耕作地のより少ないクーバがトゥビシンを襲撃したのが始まりだった。死者は出なかったものの、トゥビシンから二名、クーバから一名の負傷者が出た。トゥビシンでは、ビンセント（現在は、鉄板の窓作り職人）が腹を撃たれ、ファン（現村長）は耳を撃たれた。その話をしてくれたミゲルに「クーバを憎んでいるか」ときくと、「憎んでないよ。今では友好的な関係さ」と言った。

しかし友好的かどうかは疑問だ。トゥビシンとクーバは、出稼ぎにより、たまたま怒りの矛先を摘み取られたにすぎないと見たほうが自然だろう。出嫁ぎがなかったら、今ごろ互いの怒りの矛先は共通の敵へと向いており、まったく違った状況になっていた可能性は大きい。

「ゲリラならその辺にいますよ」

クーバの小学校の職員室で、先生たちと雑談していたある日の夕方、チアパス州のサパティスタ民族解放軍に話が及んだとき、校長のオクタビオはこともなげにこう言った。

一九九六年から二、三年の間に暗殺された民主革命党の活動家の数は、五八〇人にも上る。うち、二〇七人がゲレロ州で暗殺されている。特にモンタニア地区の中心地タンダイでの暗殺事件は後を絶たない。そのため、タンダイでは、見回りをして警備に当たっている政府軍の兵士が大勢いる。実行犯グループは、一九九六年六月二十八日に結成されたＥＰＲ（人民革命軍）とみられ、同年二月十六日、チアパス州サパティスタ民族解放軍が政府との停戦協定に調印したため、その温和な姿勢がＥＰＲの出現を誘発したのではないか、との見方もある。いずれにせよ問題なのは、生活のためには武器を手に取るという選択肢しか残されていない貧しい地域が、チアパス州以外にもまだたくさん残されているということだ。

ゲリラと出稼ぎとは紙一重なのだ。そういった危うい均衡にだれも眼を向けない。旅行者は、観光にすら見捨てられた少数民族を、観光すらしない。私は少数民族の村々を満遍なく観光しろなどと言っているのではない。観光産業のおこぼれで食いつないだり、出稼ぎ労働者に依存して生きのびている村がある一方、そのどちらにも見捨てられた人々はどうなるのか、ゲレロ州モンタニア地区はそれを物語っている。

3　トゥビシンのミステコ族

標準語だけがない

メキシコは多様性のある国だとよく言われるが、気候や人種と並び、言語の多様性もその代表的な例だろう。

「エスノローグ」(SIL[注]が出版する世界言語データ書)によると、今日メキシコでは二八八語もの異なる言語が使われている。そして、そのうち五〇言語をミステコ語が占めている。アルファベット順で言うと、ゲレロ州東部のアラカトラトザラ・ミステコ語からオアハカ州のノチシトラン地区のユタンデュチ・ミステコ語まで、大まかに五〇種類の「準ミステコ語」に分類される。

「一日歩けばまったく違ったミステコ語が聞こえてくる」と言われるぐらい地域差が激しいのが、ミステコ語の特徴である。日本地図を広げ、北海道の半分ほどの広さの中に、互いに異なる色をしたミステコ語が五〇ピース、パズルのように並んでいる、と考えればわかりやすい。ミステコ族人口の三〇万という数字だけ見れば、これはメキシコ国内では六番目に大きな少数民族であるけれど、言語単位で見た場合、それぞれ違った準ミステコ語を話すミステコ族は、むしろ少数民族の中のさらに少数派となる。

こうしたミステコ語同士の具体的な違いとしては、わかりやすいところではまず、発音の相違が挙げられる。たとえば、ミステコ族の住む地域の南西部ではsの音をよく使うのに対し、北東部ではdの音が代わりに使われる。南西部ではトルティーヤの生地を伸ばすときに使う石臼を「ヨソ」と言い、北東部では「ヨド」と言う。鹿は、南西部では「イス」、北東部では「イドゥ」となる。これならまだわかりやすいほうで、同じ意味でもまったく違う発音の単語がかなりあるという。

一カ月のトゥビシン滞在も終わりメキシコシティへ戻る日、私は近くの町タンダイの音楽店を十軒以上まわり、ミステコ族の音楽のカセットを捜し求めた。どの店も「Kimi Tuvi（星を見上げて）」という題のカセットだけが置いてあった。だが村に滞在していたとき、ミゲルの叔母と、クーバで親しくなったマルティンという名の男から、それぞれプレゼントとして私はこのカセットをすでにもらっていたから、買う必要はまったくなかった。

ニューヨークに戻った私は、仕事の初日の夜、さっそくミゲルたちにそのカセットを厨房で聴かせてみた。意外にもミステコ語の音楽を聴くのは初めてだと彼らは言った。ゆっくり聴くのかと思いきや、しばらくして半分飽きたような表情を見せたから、どうしたのかと聞くと、彼らのしゃべるミステコ語とはかなり違うという。オアハカ州で使われているミステコ語かと思ったが、ラウールは「いいや違う。ゲレロのだ。けど半分くらいしかわからん」。同じカセットテープを二本持っていたので、歌好きのラウールに一本あげようとしたが、彼はいらないと断った。まだスペイン語のほうがよくわかるさ、とでも言いたげだ。その後、他のミステコ族の友人たちにも聴かせてみたが、反応は同じようなものだった。はじめ驚き、十分ほどで飽きてくる。「何を歌っているんだい」と私が聞いても「ウーン……」。そして勝手にスペイン語のポップ音楽のカセットに変えてしまう。メロディが気に入らないせいもあるのかもしれない。

ニューヨークに来た当初、中国人のしゃべっている言葉はミステコ語になんて似ているのだろう、とミゲルは驚いたそうだ。中国語も多少わかる私は、ミステコ語はなんて中国語に似ているのだろうと思ったものだ。だが、言語系統的には、お互い何の共通点もない。ミステコ語は、オト・マンゲ語群ミステコ語族に属し、同じ語族にはクイカテック語とトリクイ語がある。語順はV・O・Sの順であるが、はじめにくる動詞の活用によって主語が特定できるため、Sは省かれる場合が多い。ミステコ式挨拶の「クワタ」「クワナ」のように性別によって、動詞の活用にも違いがある。

さて、その五〇種類ある準ミステコ語のひとつであるミゲルたちの話すミステコ語は、「アラカトラトザラ（Alacatlatzala）」もしくは「ハイランド・ゲレロ・ミステコ（Highland Guerrero Mixteco）」と呼ばれ、一般にゲレロ州東部のみで使われている。使用人口は、九〇年時点で一万八〇〇〇〜二万一〇〇〇〇人である。準ミステコ語の中では、五番目に使用人口が多い。マンハッタンのアッパーウェスト地区で聞こえてくるミステコ語は、おそらくほとんどの場合、この「アラカトラトザラ」であると言ってよい。

そして、その「アラカトラトザラ」の中に、ようやく我々の言うところの「方言」が存在する。大きく分ければ「プラン・デ・グアダルーペ（Plan De Guadalupe）」と「ポトイチャン（Potoi-chan）」の二種類がある。ミゲルたちがどちらを使っているのか、そこまで詳しくはわからない。

ただ、どちらにしろ、実際にはもっと細かい分類ができることを、私は確信している。

例えば、彼らの村ではプラスチック容器のことを「ドゥチュ」というが、山裾へ一時間下りたところにあるアルポエカでは「タカ」と呼ばれている。また、ジュースのことをミゲルたちの村では「タビシ」というが、南東へ歩くこと二時間、尾根をひとつ越えたところにあるサンゴセラグーナという村では「タクイビシ」となる。ミゲルたちの村から歩いてわずか十分のところにある隣り村クーバとも差異が見られる。例えば、男の子を意味する「タロタ」は、クーバでは「タロオ」となる。また、女の子を意味する「ニャロシィ」は、クーバでは「ニャロオ」と微妙に異なる。犬のことをトゥビシンでは「インナ」、クーバでは「ティンナ」、そして山裾にあるカワタチという村では「ニンナ」と言う。

これらの例は、ミゲル一人が教えてくれたのではない。ほかの友人や、たまたまレストランで隣りに座っていた青年が「そんな違いならいくらでもあるさ」といって教えてくれたほんの一例にすぎない。ミゲルによれば「微妙なイントネーションも各村で異なる」という。

トゥビシンでの挨拶は、男性に対しては「クワタ」、女性に対しては「クワナ」とそれぞれ鼻にかかる感じで「タ」と「ナ」にアクセントがくるが、タシンの近くにあるトライヤワルコという小さな村では「クワタァ〜ン」「クワナァ〜ン」と、なよなよしく伸ばして挨拶をする。会話でも、こうして伸ばしながらしゃべる。ミゲルが初めてトライヤワルコの人と会ったとき、「なぜこの人は泣いているんだろう。きっと悲しいことがあったにちがいない」と思ったそうだ。

このようにどこのミステコ族であっても、顔を知っているかどうかという前に、少し話せば他村出身だと峻別できるという。

結局、いわゆる「河内弁・泉州弁（大阪府）」や「三河弁（愛知県）・遠州弁（静岡県）」といったレベルの「方言」で区別したら、百人単位の村ごとにそれぞれ独自のミステコ語が存在していることになる。メキシコにおける多様性の例としてなら、ミステコ語はまさにうってつけである。ただし、ミステコ語の中に「標準語」なるものは存在しないことを付け加えておく。

［注］SIL は SUMMER INSTITUTE OF LINGUISTICS（夏季言語学協会）の略。五十年以上にわたり、世界の少数言語を調査・記録してきている国際団体。これまでに行なった言語調査は、世界五十カ国以上、三十五億人以上が話す、一三二〇語に及ぶ。二〇〇二年十二月時点のエスノローグには、少数言語における方言も含め、六八〇〇語以上が収録・紹介されている。本部、米国テキサス州ダラス。

故郷への関心

ミゲルは、ミステコ語が大きく五〇種類の準ミステコ語に分類されることなど、もちろん知らない。ミステコ族が二千年も前からこの地にいることや、現在四万平方キロメートルの範囲にわたり住んでいることなど知る由もない。知らなくても、困りはしない。

「ミステコ族は全部で何人いるか知ってるかい。三〇万人いるんだって」「ゲレロには何人いるか知ってるかい。八万人いるんだって」。

私がそう言ったときも、「君は何でも知っているんだなあ。頭がいいんだなあ」と言ったきりで、その数字自体には何の関心も示さなかったものだ。話題は、身近なほうがいい。

「じゃあ、トゥビシンには何人いるんだい」

「ビーニク（たくさんだ）」

「ビーニクって、どれくらいだい」

「ビィーニク（たぁーくさんだ）」

「三〇〇人くらいかい」

「マース！　マース！（もっと！　もっと！）」

「五〇〇人くらいかい」

「マース！　特にビーコ（祭り）のときはビィーニクだぞ」

毎年一月十一日、トゥビシンでは年に最大のお祭り、ビーコ・タ・グアダルーペ（グアダルーペの祭り）が行なわれる。若者たちはその日にあわせ、年の明けた一月上旬、帰省ラッシュにはいる。けれど全員が帰れるわけではない。ニューヨークに残るものたちは、みやげ話や村で撮られたビデオを、代わりに待ちわびる。彼らの何よりの関心事は、仕送りがどのように使われたか、ということだ。帰省するものだけが、実際に自分の目でそれを確かめることができる。

二〇〇〇年、ミゲルは兄弟たちと共に六千五百ドルを出し合い、新築二階建ての家を建てた。村にある約五十戸のなかで、いちばん派手な家だ。将来は、ミゲルと妻のセネイダが一階に住み、二階には次男のアントニオと妻のエステルが住む予定だという。一、二階ともに3LDKの造りになっており、三階部分も増築できる設計になっている。マリオとイザベル夫妻も同居するから、将来は四世帯住宅になるのだろうか。けれどミゲルは残念なことに、まだ実際に家を見たことがない。

私がニューヨークに戻り、村で撮った写真をミゲルに見せたとき、彼は家族の写真より、新築の家の写真をまず探した。そして「ぜんぜんいい写真がないなあ」と不満そうに言った。トゥビシンでは、家の前にコンクリートのブロックが山積みにされた家庭が多くみられる。現在建築中の家も一軒ある。以前ニューヨークにいたバルタサールは、貯めたお金でトラックを買った。タンダイから村まで建築資材を運ぶためだ。

牛や馬といった高価な家畜にも仕送りは使われる。

村を離れる前日の十月十九日、一頭の白い巨大な牛が、ホベンティノのオレンジ色の家の前に運ばれてきた。全面鮮やかなオレンジ一色に塗られた彼の家は、マリオの家と肩を並べる派手さと大きさを誇っている。白い巨大な牛がその前に立つと、まるでなにかの前衛芸術でも見ているかのようだ。

私はニューヨークに戻ってから、ホベンティノの息子のマリオにさっそくそのことを話すと、彼はまったく表情を変えずにこう言った。「ああ、あれね。あれは最近、オレが父のために一万ペソで買った牛だ」。一万ペソは、彼らの一カ月分のバイト代に近い額だ。村のある男性はホベンティノについて、「牛なら十頭以上持ってるさ。村でいちばんの〝牛持ち〟だあ」、と言った。また別の男性はホベンティノについてこう言った。「牛なら三十頭は持っているんじゃないかな。ずっと向こうの向こうの、村からいちばん遠いところにつないであるんだ」。

出稼ぎをする若者たちにとっては、村がどう変わったか、ということも重大な関心事だ。

一九九五年、村は教会を新しく建て替えた。当時の村長は、ニューヨークにいる世帯主から千ドルずつ徴収した。ミゲルも千ドル支払った。教会の前に立つ、高さ二メートルほどの木でできた十字架だけが、当時のまま残されている。他の者たちもまた、何らかの形で、村に貢献しようとする。

教会の机と椅子は、ミゲルの妻セネイダの姉妹二人を含め、ニューヨークにいる村の女性四人が金を出し合い購入したものだ。

ラウールは教会の床のタイルを買いたいと考えている。村の仲間四人で、千五百ドルずつ出しあい、タイルを買う予定だった。しかし、「買おうとしたら、とつぜんタイルの値段が釣り上がった」。三千ペソ値上がりしたため、うち一人は買うのをあきらめ、今は「三人で五万七千ペソも要る」。一人当たりの負担は、一千百ドルにもなってしまった。

「お金を管理しているのは（村長の）ファニートだ。あいつがタイル業者と話をつけていたんだ。けれどぐずぐずしていたから、向こうにつけこまれて値段が上がっちまったんだ。早くしないと、もっと上がっちまう」

教会のためにお金を費やすことは、村人の心の中に信仰が強く生きているという意味以上に、「長いあいだ村を離れることは、村社会の一員であるという地位や、村社会から受ける保険をおびやかすことである。（中略）（だから彼らは）村に帰れば、重要なイベントに顔を出し、経済的に村を支援し、村の祭りや宗教的な行事に参加し、村の集会所に寄付をする。そうして村社会の一員であるとみずから確認し、伝統的な文化的、社会的側面に貢献する」（『オアハカ州からカリフォルニアの農園へ出稼ぎに行くミステコ族労働者の原因と影響』ジェームズ・スチュアート／マイケル・カーニー著、アメリカ―メキシコ研究報告書28、一九八一年）

ラウールにとって、タイルの購入計画が暗礁に乗り上げてしまうことは、死活問題ですらある。村を見捨てたと思われては困る。

ミゲルもファニートに対しては手厳しい。

「あいつはダメ村長さ。去年、雑貨屋を開いただろ。で、今年、車を買った。その後、駐車場づくりをした。ぜんぶ自分のことじゃないか。村のために何もしていない。村長失格だよ。（前村長の）ファンのほうがまだましだった。彼は道の舗装工事をした」

トゥビシンの新村長は毎年、ビーコが終わった数日後の一月十五日に、新任される。副村長も同時に任命される。任期は共に一年間、翌年の一月十四日付で任期満了となる。長老アレハンドロをはじめとする村の年配者が、中年層の村民から毎年一人ずつ順番に、選出していく。いつかは回ってくる当番のようなものだ。私はミゲルに質問する。

「マリオは村長をやったことがあるのかい」

「ないよ」

「いつかはやるのかい」

「コーシンニ（知らない）」

「じゃあミゲルは、いつかは君も、村長をするのかい」

「やらない、やらない」

やる予定はない、というよりは、やりたくない、といった表情だ。村長になると、家族と村だけでなく、もうひとつ大きな枠組みである地域社会への貢献も、大きな任務となる。

後述するように、私が村にいた一カ月のあいだに、トゥビシンは、隣り村のクーバとキーバと共に、交流会と集会をそれぞれ一回ずつ開いた。このへん一帯では、これら三村間で常に集まり、交流会により親交を深め、集会を開き政策が議論されるそうだ。トゥビシンとクーバで共同出資して道を舗装したり、クーバとキーバが水源を共有していることは、その具体的な例だ。

「ほとんどのミステコ族にとって、各地域社会が権限のすべてを授かっており、各地域社会の集会で、各地域社会の政策は決定される。（中略）領土と、社会組織への参加は、ミステコ族のアイデンティティの軸であり、（中略）ゲレロ州には、四十以上もの（ミステコ族の）地域社会がある」（CIESAS〔El Centro de Investigaciones y Estudios Superiores en Antropologia Social 社会人類学高等研究調査所〕のウェブサイト www.ciesas.ude.mx 内の、Perfil Indigena de Mexico『メキシコ先住民概評』より）

ゲレロ州には八万人のミステコ族がおり、単純に四十の地域社会があるとして計算すると、ミステコ族の地域社会は二〇〇〇人単位で存在する計算だ。トゥビシン、クーバ、キーバの三村からなる合計人口は一六〇〇人。これら三村からなる地域社会に住む一六〇〇人が、ひとつのアイデンティティを共有しているわけだ。ミゲルにもいつの日か、この一六〇〇人のアイデンティティの舵取りをする日が来るだろう。

ミゲルの同胞意識

私は名古屋出身であるが、小さいころは自分を名古屋市民だなんて思って生活していたわけではない。小学生時代は東区にある矢田学区というところが私の地域社会であり、すぐ隣りの砂田橋学区というところは、まさに敵の陣地のような感じであった。が、中学に入ると二つの学区は一緒になり、敵であったはずの砂田橋学区出身の友人ができた。矢田川という川を挟んで北側にある守山区が共通の外部となった。高校に入ると、今度はその守山区に住んでいる友人ができた。千種区の友人もできた。その代わり、市内から通う学生と市外から通う学生との間には、奇妙な隔たりができていた。

大阪にある大学に入ると、県内の岡崎市出身の友人ができた。言葉も微妙に違っていた。広島や福岡出身の人とも知り合い、名古屋弁を使う自分を具体的に意識したりもした。さらに外国に行くと、一気に方言や住所の細かい分類は取り払われ、国籍が名刺代わりになった。僻地（へきち）へ行っても大都会へ行っても、外国では、私の人種や国籍、それに宗教から話が始まる。そのさらにもうひとつ枠を広げると、我々はみな人類である、という共通項しか残っていない。

私の中の地域社会はこうして、水滴がいくつもあつまって大きくなるように広がってきた。今では日々、世界のニュースに耳を傾け、手紙、電話、電子メールで当たり前のように国内、国外の友人と連絡をとる。言葉も日本語だけではなく、英語、中国語、スペイン語、時にはミステコ語を使う。何年にもわたり、同胞意識の広がっていく過程を踏んで、小学生時代から考えると世界はかくも広くなった、と私は感じるわけだ。

けれども、ミゲルたちはその過程を省いている。同胞意識の広がりを経験せずに、トゥビシンの若者たちはニューヨークに来る。一六〇〇人のアイデンティティは、どこへ行ってもそのままだ。カリフォルニアでは、収穫期にもなると一〇万人ものミステコ族が働くと推定されているが、トゥビシンからカリフォルニアへ働きに行った者は、一人も出ていない。申し合わせたかのように、みなニューヨークへ行く。ミゲルが知っている村の外部は、ミステコ族、ナワトル族やトラパネコ族など近郊の村のみで、その数は十にも満たない。東へわずか十五キロ程度のオアハカ州は、まだ見たこともない異国の地である。だいいち、オアハカ州でしゃべられているミステコ語は「何を言っているのかわからない」程度のものだから、そんな者たちに同胞意識を持つことなどどうしてできようか。

私はミゲルの口から、カリフォルニアにいるミステコ族の話題など、聞いたこともない。彼がビンセント・フォックス（メキシコ大統領）の政策について言及したことも一度もない。ジョージ・W・ブッシュについては、悪口を言うどころか、新聞に載っている顔を指さして「これはアメリカのボスか」ときいてくる。「そうだよ」と答えると、「やっぱりそうか。そうだと思った」と、顔を確認しておしまいだ。じつはその新聞記事は、私が「メキシコ不法移民にも就労ビザが出るかもしれないって」と言って彼らに見せたものだ。それをミゲルが、それこそ俺たちには縁もゆかりもないことだ、といった表情で、「これはアメリカのボスか」ときいてきたのだった。

だがミゲルは時事問題に疎いわけではない。逆に、じつに精通している。ただ彼の関心は、トゥビシンの時事問題に、極端に偏っている。けれどもミゲルからみれば、私の関心もまた、「世界の時事問題に、極端に偏っている」ことになる。ミゲルにはミゲルの帰属する世界があり、その中に同胞意識を持っている。知らない世界の人間に同胞意識を持つことなど、慈悲の心に満ちた宗教家以外には不可能だ。私とミゲルの同胞意識には、量の差こそあれ、質においては、これっぽっちの差もない。

このようにミゲルたちの同胞意識は、「メキシコ人」でもなければ、ミステコ族という「民族」でもない。彼らの同胞意識は、中心から家族・村・地域社会という三重の輪からなるもので、中心へいくほど、その帰属意識は強くなる。それ以上大きな輪は、今のところ存在しないのだ。

たしかにミゲルたちの同胞意識は内向的である。けれどそれは責められるべきことではない。地域社会と帰属意識とは相互関係にあり、その広がりと強さは千差万別である。世界はもともと、そうした異なる帰属意識を持つ人間が集合してできあがっている。世界を知るときに肝心なのは、それをどれだけ断片的に多く知るかではなく、どれだけそれらを個々に深く知るかだと思う。浅く広く世界を知ることは、けっして悪いことではない。ただ、浅く広く知って世界をわかった気でいると、「在住外国人」や「出稼ぎ外国人労働者」としてひとまとめにし、彼らに自国の経済発展や国際化に貢献してもらおうという内向的な考えが出てくるだけだ。「日本の国際化」などという表現は、一歩まちがえるとたんなる同化政策のスローガンになる。日本人ひとりひとりが国際化すればいいだけのことだ。

真夜中のダンスパーティ

二〇〇二年六月十日。梅雨のないニューヨークの、まだ夏を迎える前のすがすがしい初夏の夜。仕事中にミゲルが突然、「今晩ダンスパーティがあるから一緒にどう」と誘ってきた。八時からパーティは始まっており、妻のセネイダはすでに先に行っているという。ミゲルの兄弟もみな行くそうだ。「ミステコ族だけのパーティだよ」。ミステコ族だけのパーティがニューヨークに存在することは、ミゲルから聞いていたし、ビデオで見たこともあったが、実際に行ったことは一度もなかった。私は、彼からの突然の誘いを喜んで承諾した。

「俺たちはシャワーを浴びに、いちど家まで帰るから、ここで待っていて」

仕事が片づくと、ミゲルはクリスマスカードのような厚手の紙をもってきて、そこに書かれていた住所を指さして言った。場所は、マンハッタン、アッパーイーストサイド地区、三番街一二二丁目……。ミゲルたちの住むアパートからは、歩いて二十分ぐらいのところだ。カードには大きく「招待状」とスペイン語で書いてある。ミゲルは、今晩のダンスパーティに招待されている。招待客に招待された私も、急いで家に帰り着替えることにした。

深夜十二時過ぎ、待ち合わせ場所に着いたが、ミゲルたちはまだ来ていない。目の前を通り過ぎるミゲルによく似た感じの若者たちは、全員吸い込まれるように、ある建物の二階に上がっていく。しばらくしてミゲルたちもやってきた。ミゲルは黒いズボンをはき、黒いシャツを着てきた。アントニオは「今日買ってきたばかり」という赤い帽子をかぶっている。カタリーノのジェルで濡らした髪は、街灯の光に照らされツヤツヤに光っている。こんなに格好いい彼らをはじめて見た。マルコンドニオは少し遅れてくるそうだ。我々はさっそく、その建物の二階へと上がった。

二階には、バスケットコートより少し大きめのダンスホールがあった。今晩のダンスパーティの会場だ。音楽は鳴っておらず、まだ誰も踊っていない。けれど入り口は若者の群衆で溢れかえっており、騒然としている。我々四人は一列になって、群衆をかき分けて中に入る。

内壁がピンクで塗られたダンスホールの天井には、同じようにピンクの風船がいくつも浮かんでいる。そのピンクの壁沿いには、若者たちがびっしりと二重三重になって立ち並んでいる。全員ミステコ族だとしたら、これはすごいことだ。相当な数がいる。知っている顔もちらほら見える。トゥビシンの若者、それにクーバの若者もいる。向こうも私に気づくと、私は小さく手をあげて彼らに挨拶をする。ステージ上には青い衣装を身にまとった若者が何人かいる。演奏の準備をしているようだ。

ステージ右手の、少し段差を上がったところにはテーブル席が十脚ほどあり、きれいに着飾った女性たちが座っている。風船を片手に、赤ちゃんを抱いている若い女性もいる。テーブルにはビールやケーキ、料理がのっている。セネイダと彼女の姉妹を見つけたミゲルたちに、私もついていく。私は「クワナ」と彼女たちに挨拶する。彼女たちもまたワンピースのドレスを着て、きれいに化粧をしている。一人の青年が我々のところにやってきて、私を除くミゲルたち全員に、ミステコ式挨拶をしていく。「誰だったの」とミゲルにきくと、「セネイダのいとこさ」と答えた。

　アントニオがどこからか六本パックの缶ビールを持ってきた。「今晩はぜんぶたださ」。そう言うと私にも一本わたしてくれる。ありがたい。ちょうどのどが渇いていたところだった。異様な熱気のなか、私は冷たいビールで一気にのどを潤す。テーブル席からあたり一帯をながめながらざっと数えてみると、二百人はいる。これほどパーティの規模が大きいとは思っていなかった。ビデオカメラで撮影している者もいる。

「みんなミステコ族かい」

　隣りにいるカタリーノにきいてみる。が、返事がない。チラッと彼の顔を見ると、ビールを片手にしたまま、明らかに緊張している様子だ。私は彼の肩に手をまわし、「あとで一緒に踊ろうぜ」と冗談っぽく言うと、「バカなこと言うなよ」。少し軽蔑した目で私を見るとまた、ダンスホールの床一点を見つめる。厨房ではいつも一緒に踊っているじゃないか。すると今度はミゲルが私のほうを振り向き、「ちゃんとそばにいろよ」、そう目で言った。なんだか真剣なパーティだ。

私はミゲルに話しかける。

「みんなミステコ族かい」

「みんなミステコ族だ」

「トゥビシンからかい」

「トゥビシンもいるし、クーバもいる。キーバもいる」

「みんな来ているんだねえ。そのほかの村からは」

「いない」

ほかの村からは、いない。三つの村だけのためのパーティだったのか……。

「で、どこがいちばん多いんだい」

「トゥビシンとキーバかな。クーバは少しだけ」

私にはどれも同じ顔に見えてしまうが、ミゲルの目には、すでに明確に三色に色分けされている。今夜は三村間だけの、交流ダンスパーティだ。このパーティの意味は、そこにあるようだ。つまり、場所をニューヨークに移しての、彼らの地域社会の集会なのだ。たんに踊りに来たわけでは決してない。この熱気は、彼らのアイデンティティからくる熱気だといっていい。このダンスホールは、いわば彼らの帰属意識の集合体なのだ。

バンドの演奏が始まった。今まで聞き飽きるぐらい聞いたことのある曲だ。彼らの演奏するランチェーラ（メキシコのカントリー音楽）にのせて、若者たちはいっせいに踊りはじめる。ミゲルは腕を組んだまま、じっと構えている。アントニオたちも、まだ動きださない。

「彼らは」

私はステージを指さしてミゲルにきいてみる。

「キーバ」

なんとキーバ出身のバンドだ。七人いる。今晩の集会のいわばホスト役も、一緒にこの熱気を盛り上げる。彼らだって地域社会の一員だ。ニューヨークに来てバンド活動に熱中する若者は多い。彼らの夢は、故郷の村の祭りで演奏することにちがいない。これはあとで知ったが、そのキーバ出身のバンド名は、ロス・クイジン・デ・ゲレロ（ゲレロ州のいとこたち）というそうだ。

曲が変わるごとに全員テーブル席や壁ぎわに一度戻り、次の曲が流れはじめると同時に、男性はまた、気に入った女性に手を差し伸べる。しばらくすると、ミゲルたちも踊りはじめた。ミゲルはセネイダと組み、アントニオはセネイダの姉と踊っている。ミゲルに見せてもらった、グアダルーペの祭りのビデオとまったく同じように、同じ曲に合わせて、彼らは踊っている。また曲が変わる。これまたお馴染みの曲だ。男性がテーブル席に殺到し、女性を連れてダンスホールへと向かう。曲が終わるとまるであかの他人のように二人は別れ、男性は壁沿いに立ち、女性はテーブル席に戻る。次の曲が流れると同時に、また男性がテーブル席にどっと押し寄せる。ビールを片手にした私の目の前に、カタリーノがやってきてテーブル席の女の子に手を何度も差し伸べる。こんなに積極的なカタリーノを、私ははじめてみた。私のほうなど見向きもしない。ただ立ってみているだけの自分のほうが、恥ずかしくなってくる。ミゲルは、けっして仕事中に見せたことのない、これ以上真剣な顔は絶対にできない、といった顔つきで、セネイダと踊っている。

ニューヨークにいる若者たちはみな、結婚適齢期だ。だから見方によれば、ダンスパーティというよりは、将来設計を見すえた、ミステコ族のお見合いパーティであるといえる。真剣にもくもくと踊る若者たちの表情は、嫁探しの競争の激化を物語っているようだ。結婚もまた、村に戻ってから生きていく際の、大事な「保険」なのである。

その晩、若者たちは踊りに踊った。パーティが終わったのは、深夜三時を回っていた。

サンミゲルの祭り

ミゲルの父マリオは、家のそばと少し離れた丘陵地の二カ所にトウモロコシ畑を持っている。マリオの妻イザベルと長女マリアは、家のすぐそばの方のトウモロコシ畑に朝から入っている。今年初めての収穫だそうだ。朝七時半、私も遅れて行ってみた。今日は九月二十八日。雨季もほぼ終わりに近づいているはずだけれど、この村に来てから六日間、雨は毎日降っている。昨晩も雨が降ったために畑はずいぶんぬかるんでいる。サンダルには土がべっとりこびりつき、足を取られてうまく歩けない。畑に入ると、私のサンダルのひもはたった三分で切れてしまった。

私が畑に着いたときには、足元を泥だらけにしたイザベルとマリアは収穫をすでに終え、買い物袋の中にトウモロコシを入れていた。まさにそれは、スーパーのレジを通って、買った物を買い物袋に詰めている、といった感じなのだ。二人とも無言のまま、朝露に濡れたトウモロコシを五十本ほど三袋に分けて入れていく。今年初めての収穫にしてはなんだか気の抜けたような作業だ。それでも実際にやってみると、はたから見ているときに比べてトウモロコシの実はずいぶん大きく感じる。一本一本がずしりと重い。コメの収穫にはない感覚だ。だが、イザベルたちはべつにうれしそうな顔ひとつせずにトウモロコシを袋に入れていく。袋に入れ終え、私が「袋を持ちましょう」と言ったときも、お礼ひとつ言わず、無表情のまま袋を私に手渡した。

我々が家に戻ってしばらくすると、続いて長男ファキンも畑から帰ってきた。こちらはトウモロコシの実を取った後に残された葉と茎との束を背中に担いでいる。家の横の低木につながれている二頭の馬のところへ彼は直接持っていき、ドサッと馬の目の前に下ろした。ファキンによれば、草よりトウモロコシの葉や茎のほうが馬は好きなのだという。人間にとっても家畜にとっても、トウモロコシはなによりのご馳走だ。棕櫚で作られた台所兼居間の小屋「カサ・デ・パルマ」に入ったイザベルは、さっそく業務用のような大きな釜に湯を沸かし、とれたてのトウモロコシを三十本ほど、その中に入れて茹ではじめた。

六男アルフォンソと長女マリアは待ちきれないといった様子で、サルサソースをちびりちびり舐めている。私も少し味わってみる。予想どおり、辛い。私がヒーヒー言っていると、マリアはサルサソースを私の手から取り上げ、自分の手にたっぷりのせてベロッと舐めてみせた。そして「ヤーシー（おいしい）」と一言。私が「コウ＝シャッティラ？（辛くないの）」と聞いても、返事はまた「ヤーシー」。今度はアルフォンソが同じようにべろっとなめ、そしてまったく同じような口調で「ヤーシー」と言う。

今朝、大きなトウモロコシの実った、ゆうに三メートル以上はあると思われるひときわ高い穂を、イザベルは一本だけ別に引き抜いた。午後から「サンミゲルの祭り」が行なわれ、人々はそれぞれトウモロコシの穂をお供えするという。今朝トウモロコシをいくつか取ったのはそのついでだったようだ。子供たちはそんなことにおかまいなく「花より団子」の勢いで、まだ「ヤーシー」「ヤーシー」と言いながら大鍋の中をのぞいている。

それから約一時間後、サルサをたっぷりかけたディーシィーを二本平らげて腹を満たした私は、ヒーヒー言いながら丘を駆け上がり、さっそく教会へ行ってみた。メキシコは、祭りの多い国だといろいろな文献・資料に書いてあった。サンミゲルの祭りなんて聞いたこともなかったが、村について六日目で、とにかく祭りの一つを生で見られるのだ。見逃すわけにはいかない。

どんよりとした曇り空の下、教会の入り口付近では村の男たちが十人ほど集まっている。彼らの横には、濃黄色や橙紅色をしたマリーゴールドやジニア（キク科）、それにメキシコの国花であるダリアの赤い花が、ビニールシートに山積みになっている。村人たちが家をピンクや青、橙などで塗るのは、これらの花の色と関係があると考えるのは短絡ではあるが、色のセンスでいうと、淡い色はとにかくここではナンセンスなようだ。

「クワタ」と私は挨拶をする。男たちは一瞬驚いたような顔をして、すぐに少し笑顔になる。村の人々は誰もがすでに、私のうわさを耳にしている。誰もが素直に私に興味がある。「私も手伝います」と言うと、一人の男がやり方を説明してくれる。まずは同じ種類の花の茎を七、八本ほ

花を飾りつけていく村の男性たち、左から二人目はマリオ

ど束ね、同じ長さにそろえる作業を行なう。茎の長さがすべて二十センチぐらいになるように、マチェーテか小型のナイフを使って切り落とす。小さな花束がビニールシートいっぱいに並べられていく。

次に、学校机のような机の上に細い竹でアーチ型ドームを作り、そのアーチの骨組みに、さっきの花束を結びつけ飾りつけていく。結ぶときは棕櫚の葉をさらに細く裂いたものをひも代わりに使う。すきまのできないように色のバランスも考えつつ花を詰めていく。半円柱状の花のアーチ型ドームが完成したら、その中に聖人サンミゲルの肖像画の入った額を最後に立てる。これで祭壇の完成となる。

花を束ねる者と飾りつける者とに分かれて、作業は静かに行なわれていく。実際に手を動かしているのは二、三人ほど。皆四十、五十歳代の中年層だ。それより年下の者はニューヨークにおり、村にはほとんど残っていない。休みながら、雑談しながら、代わるがわるのんびりとした雰囲気の中で共同作業が進められていく。村の雑貨店からはメキシコのポップ音楽の歌が聞こえてくる。ニューヨークでミゲルたちがよく聴いていた曲だ。少しするとマリオも顔を見せにやってきた。挨拶をした後、彼も黙ってアーチに花を取り付けはじめる。

祭りの準備で華やかなのはジニアの濃黄色だけで、雰囲気はこの曇り空のようにしっとりと落ち着いている。おそらく去年もまったく同じように曇り空の下、こうして共同作業を十人ぐらいでしたのだろう。子供は一人も手伝っていない。

村の最高実力者である長老アレハンドロもやって来た。みなミステコ式挨拶を交わす。私たちも挨拶をし、いつものようにほんの少し雑談をする。そのあと私は作業に戻ったが、アレハンドロは花を片手にゆっくりと教会の奥へと進んでいき、祭壇の前でお祈りをしはじめた。ほかにも、年配の男性が二人、アレハンドロの左隣りに立ってお祈りをしている。三人とも花を持った手を高くかざし、低い声で何か言いながら祈りをささげている。教会には三人の声が低く響く。

長老アレハンドロには五人の息子がおり、そのうち長男ホベンティノと五男アントニオ以外の三人は、ニューヨークにいる。アントニオは休暇中で、再度ニューヨークへ行く予定だ。アレハンドロの孫も何人もニューヨークにいる。五男アントニオや、長男ホベンティノの息子マリオとファウスティノは私の友人で、ニューヨークで何度もしゃべったことがある。アントニオ、マリオ、ファウスティノは三人とも二十代前半とまだ若い。マリオとファウスティノは、現在ミゲルと私が働いている自然食料理店「はな」で働いていた経験もある。ファウスティノとミゲルは一時期一緒に働いていた。

「はな」では今までにトゥビシン村から、いちばん新しいラウールまで入れて、三家族計十人の若者たちが厨房の仕事に従事してきている。ファウスティノは四人目、ミゲルは五人目になる。九〇年代半ばから、「はな」はトゥビシンの若者にとって人気の就職先となっているのだ。私がアレハンドロの孫の友人だというだけではなく、直接、間接に私に、「村の若い衆が何人も職場で世話になっている」ことになる。実際どっちが世話になっているのかわからないが、とりあえずそういった事情もあり、長老アレハンドロはふだん特別私によく話しかけてくる。

今、私の目の前ではエリヒオが黙々と花を飾りつけている。彼の二人の娘も現在ニューヨークにいて家政婦として働いている。エリヒオ自身も以前ニューヨークにいて、ある料理店の厨房で働いていた。

村の電話塔で働いている、ふだんは陽気なセルジオも、真面目な顔つきでアーチ状に曲がった竹に花を結び付けている。彼の息子も何人かニューヨークにいる。長男は向こうで働きつつもバンド活動にのめりこみ、もう八年間帰ってきていない。

その横にいるのが、三十代とこの中では比較的若いホスティノだ。彼もまた以前はニューヨークにおり、ピザ屋で配達員として働いていた。妻と幼い二人の息子のために、再度ニューヨークへ行きたいと考えている。

作業をしている十数人の大人たちと、遠く離れて暮らす彼らの兄弟、息子、娘、孫、甥、姪……。家族いっしょに今日の祭りを祝うことができたらどれだけ嬉しいことか。トウモロコシも大きく実っている。祭りの日でさえも、結局話題に上るのはニューヨークのことばかりだ。

今日もいつものように夕立があった。雨が上がったばかりでまだ水たまりの残っている村の路地で、サンミゲルの祭りは静かに始まった。村人たちは集会所の前に二列縦隊をつくっている。先頭は、大きく実ったトウモロコシの穂を手にした村の女性たちと少年少女たち。次に、鐘、お香、サンミゲルの肖像画の立てられた花の祭壇、ろうそくと花を手にした村の男性たちと続く。最後尾には男性のみ七名の楽隊。電話塔で働くセルジオはトランペットを持っている。

まず集会場の前でお祈りをささげ、次に時計と逆回りに村を一周する。楽隊の演奏が開始される。カメラマンの私とビデオ係のファキンは、遅れまいと走りながら先頭より先に回る。少女たちは恥ずかしそうにトウモロコシの葉で顔を隠しながらゆっくり歩いてくる。女性たちを先頭にした村人たちは集会所を通り過ぎ、最後に教会へと向かっていく。一団が教会に近づいたとき、教会入り口の横では、ロケット花火を二十倍ぐらい巨大にしたような花火が、十発ほどたて続けに打ち上げられた。教会に入り再度お祈りをささげ、祭りは日没と同時に終了した。その晩、マリオ家では祭りについての話題はなにも出なかった。いつものように食後はテレビを見た。イザベルが今朝茹でた新トウモロコシが、冷たくなった鍋の中にまだ半分以上残っている。

放牧の等級

政府発表のトゥビシン村の人口は八二三人だが、出稼ぎによる移住が原因で村の人口はみるみる減っていき、実際に住んでいるのは二〇〇人弱だ。若者が特に減った。人手の減少と同時にトウモロコシの収穫も減った。その結果、村の活気も失われた。失われたものはほかにもある。家畜もまた、減っていった。トゥビシンにはひとつ、八〇年代後半から九〇年代にかけて、人口に合わせるかのように激減した家畜がいる。牛ではない。

今から十五年ほど前まで、村には少なくとも八〇〇頭のヤギがいた。ミゲルがまだ、五男ファキンと同じ十一歳ぐらいの頃だ。五〇戸足らずのこの村に、八〇〇人の村人と八〇〇頭のヤギが共存していた。今日、村が閑散としているのは、人間以上にヤギがいなくなったからだ。

ミゲルの家でも当時四〇頭のヤギを飼っていた。他の家畜はというと、ロバが一頭いただけで、牛、馬、猪豚はいなかった。朝早くから日が暮れるまでの一日じゅう、日曜日以外の週六日、ミゲルはヤギと一緒だった。日曜日だけは父のマリオがヤギの面倒を見ることになっていたので、彼は「一日じゅう木登りをしたり、走り回ったりしていた」という。

同じ放牧とはいっても、牛とヤギとではその内容はまったく違う。牛の放牧が初級者向けなら、ヤギの放牧は上級者向けだ。ヤギは、牛や馬の食べ残した短い草でも、イバラやアザミでも喜んで食べる。それに、険しい山腹での生活への適応力にも優れており、とげだらけの木の上に登ってまでも餌を求めるため、一日の行動範囲は牛とは比べものにならないくらい広い。そして当然こういった仕事は、「疲れを知らない」少年たちに回ってくる。だが、この限りない食欲を持つヤギの群れを統制するのは容易ではない。石などまったく役には立たない。いかに親ヤギをリードするかが鍵だ。まんべんなくすべてのヤギに食わせ、しかもどこにどれほどの草が残っているかといった放牧地全体の把握も欠かせない。特にこのように低木や大小さまざまなサボテン、棕櫚などが密生し、岩もごろごろした起伏の激しい丘陵地ではなおさらだ。コヨーテなどの外敵も多い。

当時ミゲルの家で飼っていたヤギは、毎年約三頭、コヨーテに襲われて死んだ。コヨーテが好んで食べたのは、ヤギの内臓、特に消化される前の胃の中の草だったという。反対に生まれてくる赤ちゃんは多くて年二頭。ヤギは、いくら世話をしてもけっして増えることのない、「貧乏暇なし」の家畜だった。

それでも、ヤギ追いをしていたミゲルは、一家の全財産を守る大事な金庫番の役割を担っていたことは間違いない。そんなミゲルに母は「三時間歩いてお昼ご飯のトルティーヤを持ってきてくれた」。きつい労働ではあったけれど、「でも楽しかった」。そしてこう続けた。「特に赤ちゃんが生まれたときはね。赤ちゃんを抱くと母ヤギが嫉妬して怒るんだ。でもかわいいから母ヤギの目を盗んで抱いたよ」。

七歳から十二歳までの少年期を、ミゲルはヤギとともに過ごした。

しかし現在、村にいるヤギの数は三〇頭にも満たない。ヤギは貧苦の象徴で、牛は富の象徴だ。前者は世話をするのに人手と時間ばかりかかる。買いつけ単価が安いのと、現金収入が必要なとき一頭ずつ小売りにできるのが数少ない利点だ。牛は耕耘（こううん）を手助けし、糞は堆肥作りに使え収穫も伸びる。あとはペット並みに散歩させていればいい。だが牛は高額なので、昔は夢のような家畜だった。当時、村全体においても、牛は数頭、馬は一頭しかいなかった。ロバがいる家庭はましなほうだった。

サントス一家

「この村でヤギを飼っているのは誰なの」

「セルジオ」

電話塔で働いており、そこで雑貨屋も経営しているセルジオのことだ。彼の孫二人が、一〇頭ほど飼っているヤギの面倒を見ているそうだ。

「ほかには」

「ロベルト。ロベルト・サントス」

私の聞いたことのない名前をファキンは言った。

村ではファキンが、私の側近的役割を果たしてくれている。わからないことはまずファキンにきく。ファキンにきけば、網の目のように複雑な村全体の家族構成も整理しやすくなった。ファキンのなによりよいところは、頭の回転が速く、かつ知らないことは知らないと答えることだった。話したい相手に直接聞く場合を除いて、こういった村では大人のほうが事実に疎いため、情報は少年たちから得るにかぎる。少年たちが疑うことを知らないのも好都合だった。事実、私が一軒一軒訪ね歩きさまざまな質問をするので、滞在後半ごろになると、なにか悪いことでもたくらんでいるのではないか、とうわさする大人も少なからずいた。

村での滞在も半ばにさしかかった十月五日、その五十五歳になるロベルト・サントスの家に行ってみた。じつは前に一度行ったのだが、そのときはロベルトはおらず、彼の妻が「取材拒否」したため、今回は出直し訪問である。

ファキンの言ったとおり、ロベルトは数が少なくなったヤギを一〇頭飼っていた。三男で十四歳のセネイドが面倒を見ており、そのため彼は学校へは行っていないそうだ。現在でもヤギを飼っていて、しかも、次男フランシスコは二十代半ば（二十七歳）なのに、まだ村にいるという。トゥビシンの普通の感覚からすると、これは「時代錯誤もはなはだしい」家庭なのではないか。結局その日は詳しい話は聞けず、挨拶程度で終わってしまった。それから六日後の十月十一日、朝九時から私は、ロベルトの三十八歳になる長男ハイメの畑の見回りについて行き、その後、牛の放牧をしていた次男フランシスコに合流した。

牛の後ろで鞭をしならせながら、「ほんの二年前まではヤギを一八〇頭も飼っていた」とフランシスコは言った。が、あるとき突然、餌となるよい草が減ったため、八一頭があっという間に死に、すぐさま残りの九九頭を二台のトラックに乗せてタンダイへ売りにいったという。死んだ理由を村のある人は「まちがった草を食べたからだ」と言ったが、本当のところはよく分からない。今いる一〇頭は、長男ハイメがそのあと買ったものだ。牛も子牛二頭を含め、全部で六頭飼っている。これらの牛は、ヤギを売って得たお金で買ったわけではなく、牛追いをするには老いすぎたロベルトから譲り受けたものだそうだ。現在、ハイメがトウモロコシ畑をおもに見てまわり、次男フランシスコは牛追い、三男セネイドはヤギ追いを担当している。

フランシスコがまた鞭を打つ。村で見たときの彼とは印象がだいぶ違う。小柄で痩せており、鎖骨と肋骨が浮き出た貧相な体格。村の男の中でもっとも長いその髪は肩につきそうで、いつもボサボサだ。会話でもよく「サーバ、サーバ」(「へえ、そうなんだ」という意味の感嘆詞)と相槌ばかり打っていたから、なんとなく気にかけていたのだが、山で鞭を手にした彼は別人だった。言うことを聞かない牛には容赦なく「クシダレ!(そら行け)」と叫んで、はげしく鞭を大地に打つ。そのやせた体が急に、日によく焼けた生き生きとした放牧の民のそれに見える。

フランシスコたちにはほかにも仕事が山積みだ。それでもかれらの放牧時間は、ほかの村人より概して長い。四時ごろ放牧を終えると、昼食も摂らずに、今度は兄のハイメ、ハイメの十七歳になる長男パンチートらとともに、トウモロコシ畑の点検や、薪や棕櫚の切り出しに出かける。

夜は祖母と一緒に棕櫚の帽子編みの内職に励む。

その日の夕方、いつものようにフランシスコが帽子編みを始める。週に平均して八つ、帽子を編み上げるそうだ。ひとつ一ペソで売れるので週八ペソ、コーラ二本分の現金収入である。ベテランの祖母が編んでも一日せいぜい三つが限界だ。一家の収入は一日一ドルにも満たない。

サントス一家は、隣りに住む長男ハイメをはじめ、次男のフランシスコ、三男セネイドなど計十三人の子供を持つ、村一番の子だくさんである。働き手は申し分ないほど豊富だ。ロバも一頭持っており、なにより富の象徴である牛を六頭飼っている。

だが働くばかりで、暮らしは一向に楽にならない。サントス一家は、どう見ても村でもっとも貧しい家のひとつだ。日もとっくに暮れた夜の七時半過ぎ、ハイメの小さな子供たちは、棕櫚を編んで作ったゴザを床に敷いてその上に寝ている。村のすべての家庭の中で、床の上にじかに寝ているのは彼らだけである。部屋の隅では、落ちているトウモロコシの粒を失敬するねずみが走り回る。そんなことにはおかまいなしで、祖母を囲んで孫やひ孫が集まって、サントス一家はさっきからずっと玄関先でしゃべっている。祖母の高らかな笑い声がひときわよく聞こえる。

サントス夫妻は、村にはもう五軒ほどしか残っていない「カサ・デ・パルマ（棕櫚の家）」に今も住んでいる。壁は、幅一五〜二〇センチの板が棕櫚で編んだロープで縛られている。それらの板は、たんに平たい薪程度のものだから、壁じゅうすきまだらけだ。柱梁は、細めの丸太で組んである。その上に棕櫚の刃先が下に来るように、合掌造りの要領で山形に何千枚と積んでいく。

床は土を固めただけのものだ。

しかも、彼らのカサ・デ・パルマは玄関側にひどく傾いている。つっかい棒が玄関をはさんで何本も立ててあるものの、いつ崩れてもおかしくないほどに傾いている。横から見ると玄関・つっかい棒・地面とで、ちょうど正三角形ができている。家に出入りするたびにちょっとした決意が必要になる。

が、サントス夫妻は、そんな危険地帯に椅子など持ち出し、どっかり腰を下ろしてせっせと棕櫚の帽子編みをしている。その周りを孫たちが走り回る。

午前中は傾いた家の正面がちょうど東からの日差しを遮るため、案外いい日陰を提供してくれる。しかも村の東側の傾斜の上のほうにあるため、彼の家から見る雄大な南マドレ山脈の眺めは最高だ。いや、じつは「最悪」かもしれない。下方には日に日にブロックやコンクリートの家が増えていき、それらを赤や緑に好き勝手に塗られてしまっては、目をあけて仕事などしていられるものではない。わずか十年前までは、村じゅう一軒残らずすべてカサ・デ・パルマだった。まっすぐ建っている家のほうが例外だった。

幸か不幸か、ロベルトの十三人の子供は、全員村にいる。親子四代がひとつの屋根の下で仕事をし、語り合う。

十月十六日、イーキン（かぼちゃのスープ）をすすって一段落している祖母のところに、畑仕事を終えた孫のフランシスコとひ孫のパンチートが帰ってきた。ほかにも孫やひ孫が三、四人集まってきた。いつまでも笑いが絶えない。私の存在など誰も気にもとめない。私がパンチートに初めて会ったとき、挨拶をしても何をきいても彼はそっぽを向いて「コーシンニ（知らねえ）」を繰り返した。わずかな警戒心すら見せずに私を無視した唯一の青年だった。そんな彼も、曾おばあちゃんの前では冗談を連発するひょうきん者のようだ。

いつの間にかあたりはだいぶ薄暗くなってきた。遠くに見えるバスケットコートにも誰もいなくなった。家の台所から上がる煙が二、三本見える。時計を見ると、すでに夜八時をまわっている。彼らのおしゃべりに聞き入っていると、ついつい時間を忘れてしまう。マリオの家ではとっくに晩御飯を食べ終え、テレビでも見てくつろいでいる時間だ。パンチートたちは玄関先で曾おばあちゃんを囲んでしゃべり続けている。フランシスコはソンブレロを作る手を休めずに、相変わらず「サーバ、サーバ」を繰り返している。

最近車を購入したガルシア夫妻は、何度私が訪れてもあまり笑わない。コーラを一本くれて、娘の写真を見せてくれるほかは、「忙しい」と言って駐車場作りに戻ってしまう。ホベンティノもコーラをおごってくれ食事もご馳走してくれるものの、会話では愛想笑いばかりだ。彼の家を訪れると、だいたいの場合、昼寝をしている。ブルーノはもとから口数少なめで、聞くことといったら「いつヌエバヨーク（ニューヨーク）に戻るの」、これぱっかりだ。彼らに共通しているのは、きれいにペンキで塗られた家に住む、村では比較的裕福な家庭だということだ。彼らの子供の多くはニューヨークへいっている。だから、立派に建てられた大きな家ほど閑散としている。

マリオ夫妻もめったに笑わなかった。

まったく知らない世界で、いったい自分の息子たちはなにをしているのか。実際のところ、彼らにはよく分からない。村では「ヌエバヨーク」を国だと思っている者や、アメリカという単語すら知らない者も珍しくない。マリオの妻イザベルもその一人だ。

はじめのうち、ニューヨークについて漠然とした質問を、彼女は何度も繰り返した。そして私が「ヌエバヨークはシーカネガ（遠いです）」と、この「シーカネガ」を繰り返すたびに、彼女はまるで我が子を誘拐された親のような悲壮な顔をした。あまりショックを与えてはまずいと思い、私はその後、「ヌエバヨークは飛行機で四、五時間とヤーティニガ（近いです）」と表現を改めた。「シーカネガ」はここでは禁句である。そんな彼らにできることといえば、子供の安否を気遣うことぐらいしかない。家族団らんどころの話ではない。トゥビシンでは、笑いの多い家庭ほど貧しい。

が、こんにち、笑いの多い家庭は数えるほどしかない。繰り返し述べてきたように、現在少なくとも一二〇人がニューヨークで働いている。今一時帰省している者、以前ニューヨークにいた者も含めると、その数は一五〇人以上にもなる。五・五人に一人がニューヨーク経験者だ。今後ニューヨークへ行く予定のある者も含めると、その数は倍ほどにも膨れ上がるだろう。メキシコシティやアカプルコ、ティファナ、そして近くの町タンダイで働いているものも多く、実際に村に住んでいるものは二〇〇〇人に満たない。働き盛りの二十代の男性ともなると、村を離れたことのない者は、ロベルトの次男フランシスコ（二十七）と、二十歳のマブリリオの二人だけだ。マブリリオは、父と三十二歳の兄バルタサールらと一緒に、バスケットコートのすぐ北隣りに住んでいる。

バルタサール一家の出稼ぎ

私が彼らの家を初めて訪れたとき、バルタサールが一人、六畳ほどの部屋の片すみに置かれた小さな14型の白黒テレビを見ていた。「ちょっと遊びに来たんですけど」と言うと、少し驚きつつも、ま、とりあえず上がって、という感じで、彼は半歩下がって椅子を用意した。彼は椅子に戻り、そしてまたテレビに目をやった。神棚のように部屋の高いところに置かれたそのテレビでは、昼の連続メロドラマのような番組をやっていて、豪邸に住むお嬢様らしき女性がなにやらまくし立てている。番組がコマーシャルに入ったので、私はマブリリオのことについて聞いたが、今はどこかへ行っていて留守だという。部屋には蚊帳付きと蚊帳なしの、共に棕櫚でできたマットレスが一台ずつ置かれている。そのため部屋のスペースはほとんどない。

「五時になったらバスケットをしにいく」と彼は言った。

若者たちが夕方バスケットをするときは、彼も必ずその中にいる。バスケットが好きな彼は「毎日バスケットをしないと気がすまない。クリヤカンでもいつもしているさ」

クリヤカンとは彼の出稼ぎ先だ。といってもアメリカではない。彼の家族は村で唯一、メキシコ国内に出稼ぎに出ているのだ。バルタサールもマブリリオも、ニューヨークへは一度も行ったことがない。

クリヤカン平野――メキシコ北西部シナロア州にある、大規模な灌漑農業で知られる国内随一の近代農業地帯の名だ。村からクリヤカンまでは、直線距離にしてざっと一三〇〇キロ。東京〜奄美諸島間に等しい。だが、この地を知らぬものは、村に一人として存在しない。なぜなら、現在トゥビシンに住んでいる大人はほぼ全員、このクリヤカンへ以前出稼ぎに出ていたからだ。

二〇〇一年五月六日の「ニューヨークタイムズ」は、一面トップの大きな写真入りでこのクリヤカン平野を取り上げた。その写真は、トマト畑で働く四人の少女がバケツを抱えて歩いている姿を写している。見出しは「メキシコ、国内で出稼ぎ労働者を不当扱い」。

「約二〇万人がシナロア州の農場で、約一五〇のキャンプ地に分かれ働いている。(中略)そのうち四〇パーセント近くがスペイン語をうまく話せないメキシコ先住民である。(中略)労働者の半数は、女性と幼い少女たちで占められている。さらに、少なくとも(労働者の)三割は十五歳以下の子供たちだ」

バルタサールは十月二十八日、今年も一家総出でクリヤカンへ向かう。[注1]グアダルーペの祭りがある来年一月十一日に合わせて帰ってくる予定だ。

マリオの家も昔はそうだった。毎年十月、とうもろこしの収穫をすばやく終えると、妻のイザベルの作った「ドゥーシャンディーチー」[注2]を携帯食に持ち、約三日間の長いバスの旅に出た。バスの中は、いつも近所の者でいっぱいだった。彼らを待っていたのは、朝七時から夕方四時までの、昼の一時間の休憩を挟む八時間、トマトを取り続けるだけの単調極まりない仕事だった。しかも炎天下での肉体労働だ。これを週六日、十月から一月までやる。給与は大人も子供も同額で、一人週二一〇ペソだった（現在は同時間帯で三〇〇ペソ）。日曜日に半日だけ働くこともあり、その場合は週二五〇ペソとなった。

初めてマリオ一家がクリヤカンへ行ったのは、今から十三年前のこと。当時ミゲルは十三歳、それまで常に一緒にいたヤギ四〇頭をすべて売り払ったあとの、どうしようもない選択だった。

［注1］九月下旬、私がタンダイを訪れたときも、クリヤカン行きの二台のバスが出発を待っていた。そこにいたドライバーによると、毎年約二万人がタンダイからクリヤカンへ向かうという。その数は年々増加傾向にあり、彼の運転するバスは、この年だけで、タンダイ―クリヤカン間を十五往復もする予定だという。

［注2］とうもろこし粉で作った生地に豆を入れて包み、さらにとうもろこしの葉に包み蒸しあげたもの。メキシコ料理の「タマレ」と似ているが、この「ドゥーシャンディーチー」には豆が入っているのが特徴。豆なしのいわゆるタマレは「ティコ」という。が、メキシコ国内では一般的に、豆の入ったものもタマレと言う。肉など口にできない当時にあっては、豆が入っているかどうかにより、その名前が二分されたものと考えられる。豆の入っていない「ティコ」にはサルサのみを入れていた。

難問

ミゲルに、クリヤカンでの日々を振り返ってもらった。

まずよかったことは、「知らないものをいっぱい食べることができたこと。肉にパン、それにチーズ。コーラも初めて飲んだ」。

反対によくなかったこととして、まず「毎日決まった時間に働く生活」を挙げ、次に「働いたらお金をもらい、そのお金で食糧を買うこと」と言った。普通、我々の生活ではこれを当たり前のこととしてやっている。自分の作った作物以外はなに一つ口にせず、物品の売買もせずに完全自給自足をしている人や、仙人などを除けば、これ以外には考えられない。が、マリオ一家をはじめとするトゥビシンの村人たちにとっては、この「働いたらお金をもらい、そのお金で食糧を買うこと」が、そもそも考えられないことだった。

一週間働いた。二一〇ペソというものを手にした。これがスゴイモノだということは理解できた。だが、その先が困った。どう使っていいのかわからなかったのだ。週に一人二一〇ペソもらうとして、五人（当時働いていたのは、マリオ、ミゲル、アントニオ、マルコンドニオ、カタリーノの五人。妻のイザベルはまだ小さかった五男ファキンと長女マリアの子守をしていた）働いたらいくらになるか、など彼らは考えたこともなかった。六歳から七歳までの一年間しか学校へ行かなかったミゲルにとっても、それは同じだった。ただ、家賃と光熱費はタダだったので、食費のみを考えればよかった。ミゲルに「食費は一週間いくらぐらいだった」ときくと「四〇〇ペソ」と即答した。「よく覚えているね」というと「僕がお金を管理していたからさ」。

彼の管理方法はこうだ。五人で一週間に稼ぐいくらかのうち、四〇〇ペソだけ使うと決めて残りはとっておく。残りの金には一切手をつけない。その代わり、その四〇〇ペソで必要なものから買っていく。まずは、マサ（トルティーヤの生地）、そして肉、野菜、ジュース、日用品雑貨……。それを毎週続ける。そうして一月上旬、村がもっとも華やぐビーコ・タ・グアダルーペ（グアダルーペの祭り）のために帰省するころには、「ビーニク（たくさん）お金を貯めることができた」というわけだ。

こうしてミゲルは、クリヤカンでも一家の大事な金庫番であった。が、彼は決して算数を実践していたわけではない。今でも、一桁の足し算ですら小学一年生のように時間がかかる。十時から五時まで働くと何時間労働になるのかも、両手の指を折りつつ考えるけれど、答えはそう簡単には出てこない。二桁のたし算はできない。一桁の引き算も無理。算数を今まで学んだことがないのだから実践のしようがない。今日、村でたし算・引き算ができるものは、村を離れたことがなく、しかも学校へ行っている子供たちか、ニューヨークから戻って商売を始めた数人の男たちだけだ。

では、ニューヨークへ行ったこともなく学校へも行ったことのない者たちはどうしているのか。

お年寄りや女性たちも同様に算数を必要としているはずだ。家計簿などは存在しないだろうが「もう少しで洗剤がなくなりそうだわ」などというとき、どうしているのだろうか。算数のまだ定着していない村の生活において、私はさまざまなところで壁にぶち当たった。

たとえば、たまたまタンダイに用事があった帰りのこと。タンダイから村に行くには乗り合いタクシーが一般的だ。タクシーといっても、座席は前に二つしかなく、後部は、もともと家畜の運搬に使われていた荷台になっているものだ。広さ三畳ほどのその荷台は、高さ約一・五メートルほどの板で囲まれており、長椅子が両側に付けられている。そして、板の上端には左右に二、三本、握り棒としての鉄パイプが通っている。この小さな箱のような荷台に、多いときは二十人ぐらい乗る。トゥビシン—タンダイ間の値段は、何人乗っても一律五〇〇ペソだから、乗客が多ければ多いほど安く上がる。マリオによれば、以前は「三、四時間歩いて行っていたもんだが」、今では誰もがタクシーで行き来する。

その日、タクシーには私を含め六人乗っていた。村に着いてすべての荷物も下ろし終え、あとはお金を払うだけとなった。が、誰も一人当たりの正確な料金がわからない。運転手も分からず、何やら話している。私が「ひとり八四ペソだ」というと、みな待ってましたといわんばかりに「八四ペソだ、そうだ、八四ペソだ」といって払いだした。あわてて家に走ってお金を取りに帰る者もいた。

またある日、ミゲルの叔父ブルーノが経営する雑貨屋で、一四ペソの買い物をしたときのこと。

そのときはブルーノの妻ルイサだけが働いていた。たまたま小さなお札を持っていなかったので、彼女に一〇〇ペソ札で支払った。当然八六ペソのおつりを私は待っていたが、いつまでたってもおつりが返ってこない。大きなお札で払いすぎてしまったのかと思ったがそうではないらしい。彼女はお釣りの計算が分からなかったのだ。ふだんすばやく計算をしてくれる十三歳の三女グロリアは、学校へ行っていて留守だ。旦那のブルーノもどこかへ行って留守だった。彼女は電卓を持ち出し、格闘すること約五分。それでも答えは出なかった。結局、私が電卓で計算し、彼女に金額を見せ、お金の散らばったテーブルから八六ペソを手に取り、苦笑いする彼女をあとに店を出た。

また別の日、同じくブルーノの雑貨屋へ行ったとき。そのときもまた旦那のブルーノと三女のグロリアがともに留守で、妻のルイサだけが働いていた。電池を二本ほしかったので私がいくらかと聞くと、彼女は指を四本立てて「シンゴ（五）」と答えた。私は一瞬指の数を見まちがえたのかと思い、指を四本立てて「クワトロ（四）」そして手をパーにして「シンゴ」とききなおしたが、彼女はやはり指を四本立てて「シンゴ」。とりあえず五ペソ取り出すと「そうよ、シンゴペソ。ほかになにかいる」。その後二度、同じ電池を買いに行ったが、行くたびに値段が違っていた。

こんな具合でも村人同士では案外混乱はないようだ。というのも、村の女性たちはすべての物の値段を知っているからだ。それに何品もまとめて買うこともないから、二桁の足し算はしなくてもいい。大きな買い物として、例えば、ハラペーニョの缶と洗剤を買いたい場合でも、まずハラペーニョの缶の代金八ペソを用意し、次に洗剤の代金九ペソを用意する。それら二つの小銭を持って行き「これはハラペーニョの分、これは洗剤の分」といって別々に支払う。これなら雑貨屋の婦人も混乱しなくてもすむ。

もっとも、通常おつかいに来るのは決まって計算のできる小さな子供たちで、彼らは十秒足らずですばやく買い物をする。村で算数ができるのは小さな男の子が多い。反対にできないのは大人の女たちに多い。ほとんどの子供が学校へ行っている現在、計算ができる者の数は数年後には急増するだろうが、できない者は今後もできないであろう。その差は広がることはあれ、縮まることはないだろう。

ニューヨークでもこんなことがあった。週六日働いているラウールがある日、無断でバイトをさぼった。当然その週（この店ではバイト代は週払いでされる）、店のオーナーは週五日分のバイト代を彼に支払った。ところが、受け取ったラウールはなにを思ったのか急に顔を真っ赤にさせた。明らかに何かに憤慨して怒りを必死に抑えている。どうしたのかと聞くと、「どうなってるんだ。いつもより少ないじゃないか」「オフコース！（当たり前だ！）」、オーナーがひとこと叫んだその横で、ミゲルが必死に説明しているが、ラウールは目も耳も真っ赤にさせてじっと流し台を見つめたままだ。またか、といった表情のオーナーは、「ミゲルも昔はこうしてよく怒ったものだよ」と言って厨房から出て行った。

クリヤカンでトゥビシン村の人々がとまどったのは、対価や算数ばかりではない。他にも日常生活では慣れないことの連続だった。家に鍵をかけなければいけないことや「川での水浴びもつらかった」。泳ぎを知らないため「何人かが溺れ死んだ」。

給与が支払われるのは毎週金曜日の午後だった。家族ごとに番号が付けられており、世帯主一人一人に現金が手渡されていった。「何人ぐらいいたの」ときくと「四〇〇人ぐらいかなあ。とにかく、端から端まで見えないくらい人が並んでいてさ。で、警察がずっと監視していたんだ」。四〇〇人一人一人に手渡ししていたらひどく時間がかかる。でも家族一緒に順番を待ちわびる。

あるときマリオは、ミゲルたちに「お前たちは待っていなくていいからコーラでも飲んでおいで」と言ったという。そこで、当時まだ七、八歳だった四男カタリーノが家のほうへ走りだした瞬間、横から車が走ってくるのがミゲルの目に飛び込んできた。「ヤバイッ！」。

車はカタリーノの目の前で間一髪止まったが、ミゲルは悪夢を見た思いがしたという。村人はみな、口をそろえてクリヤカン生活はもうこりごりだと言った。バルタサール一家は、トゥビシンで唯一、そんなクリヤカン生活を続けている。

4　出稼ぎの最終地

ニューヨーク行きの条件

サントス一家やバルタサールたちが北へ行けない理由は、子供の数や家畜の有無とはあまり関係がない。ロベルトは七歳のとき、母に連れられて隣り村のクーバから移り住んだ。当時でも珍しいひとりっ子だった。妻を娶り、十三人と子供にも恵まれた。だが貧しい生活は一向に変わらない。彼らの貧しさの表面的な原因は、たしかに子供が一人もニューヨークにいないということにつきる。ではなぜ行くことができないのか。特別に不運なのか。マリオの子供は九人中四人がニューヨークにいる。一方ロベルトのほうは十三人中ゼロだ。この違いの根本的な原因は何なのだろうか。その答えは、おそらくこんなところにあるように思われる。

ラテンアメリカ諸国には「ネポティズム（身内びいき）」がはびこっているとよく言われる。「ラテンアメリカは、個々人が自分を中心に選択的に人間関係を拡大していくネットワーク社会である。血のつながった親族に始まって、友人関係へとラテンアメリカ人の人間関係のネットワークは拡大する。信頼の置ける友人（アミーゴ）を獲得しておくことは、ラテンアメリカで成功するために、また、人生を楽しくするために必要な条件である」（『ラテンアメリカ研究への招待』国本伊代・中川文雄編著、新評論）

この村とて例外ではないだろう。それどころか、ネポティズムというのはこういった村にこそ生まれるのではないか。つまり、ネポティズムが究極的に現われる素地が昔からあったのではないか、と思われるのだ。

ひとつの村にひとつの言語が存在するミステコ族の村々は、それぞれ一つ一つが小宇宙を形成している。が、その中には企業や団体ははじめから存在しない。基本的に全員が、細々とトウモロコシのみを生産してきた農夫だ。原始宗教も遠い昔に消し去られ、みな一様に熱心なカトリック教徒である。つまり、生まれつきみな同じ価値観、生活環境で育った内輪社会である。アミーゴ獲得の必要性がはじめから存在しない社会である。だから、なにか優劣のつく帰属意識の境を引くとすれば、それは個人や友人を優先させるネポティズムをさらに二分させた「ファミリア対アミーゴ」とならざるを得ない。誰もが貧しい均一的な村社会にあっては、「アミーゴ排除」こそが「人生を楽しくするために」誰もが取る必然的な第一歩なのだ。トゥビシンでは、「アミーゴ」は「他人」を意味する言葉である。

私はトゥビシン滞在中、ほぼすべての家を訪ね、家族構成をきいてまわった。二十代で村を離れたことがないのがフランシスコとマブリリオだとわかったのも、そうした結果である。そこで浮かび上がってきた事実は、村で最も貧しい二軒の家が他の家族と唯一違う点は、ロベルトもバルタサールの父も、男兄弟がいないということだ。大家族制と家父長制が並存する村において、男兄弟がいないということは、ほかに頼れるファミリアがおらず、したがってアミーゴとして排除されやすい。村の四十歳以上の男性で男兄弟がいないのは、彼らとルティリオの三人だけだ。

ただし、ルティリオは少し例外的だ。ルティリオには子供もいない。以前は自分の畑でトウモロコシを年に一〇カルガ（一四四〇リットル）も生産しており、妻エミリアと二人では消費しきれないトウモロコシを村民に売るという、余裕のある生活を送っていた。養う子供たちがいないために、出稼ぎの必要などなおさらなかった。今は畑も手放し、仕事は「他人の家の新築工事やトウモロコシの収穫をときどき手伝う程度」の自由気ままな隠居生活を送っている。それで得たお金で、妻エミリアと一年間に消費するトウモロコシ二カルガを購入する。粗悪な板で作られた隙間だらけの壁とトタン屋根とでできた彼らの家の中央の柱には、一年分の食料である二カルガのトウモロコシの入った袋がすでに積まれている。

妻エミリアの名字はラミレス。他村から嫁いできたメスティソ女性で、村でスペイン語とミステコ語の両方を最も自由に話す者の一人だ。私がジュースやお菓子を持ってよく彼らのうちを訪ねると、ラジオを聴きながらエミリアが一人いすに座ってゆったりくつろいでいた。私の訪問に気づくと彼女はすぐに笑顔になり、「パサレ、パサレ（さあ、入って、入って）」と気さくに歓迎してくれた。

私たちはよく雑談した。その間、壁のすきまからは子供たちが中の様子をのぞきこんでいた。彼女には北にいる子供はなく、北へ行かなくてはいけないプレッシャーもない。アカプルコにいる親戚もいなければ、クリヤカンへ行ったことすらない。村ではある意味で村八分的に子供たちにからかわれている彼女だが、村のすべてを支配する出稼ぎ現象から解放されているためか、私の故郷、日本についていろいろと知りたがった。ときどき夫のルティリオも、私たちの会話の横で静かに聞くこともあった。

「私の国ではトルティーヤはほとんど食べません」「へえ、あんた聞いたかい、この人のところじゃ、トルティーヤを食べないんだってさ」「その代わり米をよく食べます」「へえ、あんた聞いたかい、米をよく食べるんだとさ」「魚もよく食べます」「へえ、あんた聞いたかい、魚もよく食べるんだってさ」……。エミリアはすべてに驚き、隣りにいるルティリオに繰り返して聞かせる。

二人暮しのためか、部屋の中は意外に整然とかたづけられている。積まれたトウモロコシの袋のまわりには、水の入ったプラスチック容器やプラスチック製の椅子が置かれている。壁のまわりや梁には農機具や棕櫚を編んで作った椅子が並べて掛けられている。家の入り口の右手にはベッドが一台、その隣りにはラジオ、村で唯一テレビのない家だ。冷蔵庫も電話もない。ルティリオとエミリアはひっそりと質素に暮らしている。「ファミリア対アミーゴ」の価値観から唯一逃れている家だと言える。だがほかの村人にとっては、帰属意識を明確に持ち、まずはファミリアという血族関係を堅持することが、未来を大きく左右する。

カリフォルニア大学のウェイン・A・コーネリアス教授が、カリフォルニアで働くメキシコ人について一九八一年に書いたレポート『移民、メキシコ開発政策、および今後のアメリカ・メキシコ関係』にはこう書かれている。

「貧困すぎると、逆に出稼ぎに行く意欲は麻痺しがちになる。村の貧困がある程度軽減されたとき、精神的にも金銭的にも農民たちははじめて村を離れることができる。メキシコからアメリカへ出稼ぎに来ている者のほとんどは、ゲレロ、オアハカ、チアパス、ユカタンといった最貧困州からではなく、中貧困州からであるというのは偶然ではないのである」

それを裏づけるような発言をミゲルもしている。

「ニューヨークにはプエブラ州から来ているやつがほんとうに多いんだ。彼らはずっと前からいるから、英語もしゃべれるしいい仕事にもつける。だからバイト代がよくて配達の多い仕事は、ほとんどプエブラのやつらにとられてしまっているのさ」

一九八〇年代半ば「村の貧困がある程度軽減され」、トゥビシンは伝統社会からの脱却をようやく始めた。と同時に「ファミリア対アミーゴ」の意識が顕著に露出したのも、村人たちが貨幣社会であるクリヤカン生活を経験しはじめた十五年ほど前からだ。キャンプでは家族同士、親戚同士が寄り集まり、家には鍵をかけた。そして、貨幣社会に慣れた者から、次なる出稼ぎ地へと行き先を変えていった。

踏み台

ゲレロ州という名を聞いたことがなくても、アカプルコという地名を聞いたことがない人はまずいないだろう。植民地時代にフィリピン航路の港町として建設されたアカプルコは、二十世紀後半には、世界三大美港のひとつにまで数えられる国際的リゾート地へと変貌した。アカプルコへはタンダイからバスで五時間、同じゲレロ州にある。

八〇年代、クリヤカン生活に耐えられなくなった村人たちは、当然のようにここを第二の出稼ぎ先に選んだ。出稼ぎとは、好景気のおこぼれを頂戴する行為にほかならない。村人たちにとってそこは、クリヤカンと並んで最も一般的な出稼ぎルートになった。クリヤカンと若干違ったのは、同じ単純労働であっても「がんばり次第で、賃金が変わる」仕事をしたことだ。貨幣経済社会で生きていくすべを、トゥビシンの若者たちは身につけていった。

ラウールは、アカプルコで靴磨きを八年していた。「朝十時から夜の十時まで働いていた」。土曜日の夜が一番の稼ぎどきで、普通は五ペソだが、「酔っ払いの客からは、『エスペシアル（特別サービス）』と言って、少し多め（八ペソ）に取ってやった。多い日で一日にだいたい一〇〇ペソの稼ぎになった」。

ミゲルもまた、クリヤカン生活を終えたあとの十七歳から二十一歳までの四年間、弟たちと一緒にタバコやキャンディ、ガムなどのかごを片手に「売り子」として働いていた。早く売り切ったら、楽しみが待っていた。テレビだ。生まれて初めて見た。あるバーにあったテレビを、兄弟そろって遠くから何時間でも眺めていたという。ミゲルによれば「俺は売り方が下手だったからいつも最後まで売っていたけどさ。（次男の）アントニオがいつもいちばん早かった。あいつ、しゃべりがうまいんだよなあ」。

もっとも、許可なしで売り子をしていたから、警察の目は怖かったという。警察に職務質問されたら「建築現場で働いている」と言うことにしていたそうだ。そうすれば、警察はそれ以上何もきかなかったという。「売り子をしているなんて答えたら大変さ。『許可書を見せろ』って言ってくるだろ。そんなものないから、『じゃあ、マリファナ売っていたんだろ』って勝手に決めつけられて、結局売り上げをすぐに取り上げられてしまうんだ」。

そしてミゲルはこう続けて言った。

「その点、ニューヨークはいいよ。警察がいきなりおれたちに職務質問してくることはないからね。ここじゃ、いつだってネグロだけが警察に追っかけまわされているだろ。ある意味じゃ、このほうがアカプルコより安全だよ」

クリヤカンとアカプルコはつまり、トゥビシン村の人々がニューヨークへ行く前の、貨幣経済への参入ならびにミステコ的家族所得十倍増計画実現への「踏み台」の役割を果たしたのだ。こうした「踏み台」をいち早く、かつ数多く踏んだ大家族は、当然の結果としてお金をかき集め、まず一人をニューヨークへ送り出す。

　ミゲルが初めてニューヨークへ来たとき、その代金を支払ってくれたのは、ミゲルの妻の兄であるファウストだ。そして、ファウストが最初にニューヨークへ来るためにお金を肩代わりしてくれたのは、ファウストの叔父だった。ミゲルはその後、弟アントニオやマルコンドニオ、いとこたちのお金を肩代わりしている。

　彼らはこうしてファミリア内でのみお金を肩代わりする。こうした血縁集団の結束も、伝統社会におけるいわば習慣である。習慣であるから、とてもスムーズにことが運ぶ。そして、ニューヨークで「金を稼ぐ」という価値観に支えられた新しい生活に出会い、ミステコ的ネポティズムはますます強められていく。男兄弟のいないサントス一家やバルタサール一家などの小家族は、必然的に置いてきぼりを食うことになる。

　ファミリアは「唯一の経済的社会的保障の場であったし、有産階級では婚姻関係によっては一族の盛衰が決まるほど重要な『家』に関する問題であった。有力な家系との親族関係の形成は、政治的にも経済的にも一族繁栄の有力な手段であった」。(『ラテンアメリカ　家族と社会』三田千代子・奥山恭子編、「第一章　メキシコの家族史」国本伊代　新評論)

　こうして、出稼ぎにより村には上層階級が生まれ、家族の概念がより明確に表出したといえる。

　エミリアのように他村から嫁いできた女性を除いて、村には十二の姓があるが、村にある七軒の雑貨屋は七つの大家族が経営している。また、村にある四台の車（うち一台はトラック）も、その七つの大家族のうちの四家族が所有している。

マリオの家には、トルティーヤの生地を作るためにトウモロコシをすりつぶす機械がある。毎朝、その機械を持っていない家の女性たちが、前の晩から水につけて少し膨らんだトウモロコシの粒の入ったバケツを持ってきては、列を作る。朝六時半から七時半くらいまでの一時間、ガガガガガーという機械の音が近隣に響き渡る。その横でマリオの子供たちはパンとコーヒーの朝食を摂る。女性たちは使い終わると一ペソか二ペソ支払い、だいたいの場合、何も言わずに足早に出て行く。彼女たちは列を作るといっても二、三人だ。だが私が滞在していた一カ月間、彼女たちは毎朝必ず来た。

薪を切り出すのはホスティノだ。ロバの胴回りよりはるかに太い薪の束を、ロバの胴体の両側に一束ずつ縛りつける。大の大人でも一日でロバ二頭分の薪割りが精一杯だ。それを五日間やり、ロバ十頭分の薪をマリオの家に配達した。

「これでたったの五〇〇ペソだ」

これじゃいつまでたってもニューヨークへは行けやしない、といった顔だ。

村の東側の斜面の上部に住むマリアは、他村から嫁いできた。話すのはスペイン語のみだ。夫は現在北で働いている。彼女の家はロバも馬ももっていないため、雑貨屋を経営するフランシスコからわざわざ毎回、水を運ぶためにロバを借りてくる。一回使用するごとに一〇〇ペソ、週五日は使用するので五〇〇ペソを毎週支払う。夫からの仕送りは水代に消える。

「ホースで水を引くにも人手がかかる。うちにはそんな人を雇うだけのお金もないし……」。マリアは目に涙をうかべて私に訴える。ロバ一頭の値段はタンダイでも一二〇〇ペソ程度だ。だが、ここでも小家族は壁にぶち当たる。家畜を持てば、散歩のような放牧にも人手がかかる。長男のエリヒオ（十一歳）は学校へ行かせたい。放牧は大人の余暇、ゴルフレベルの運動だ。村人は、家畜に将来の夢などもう見ない。

憧れのヌエバヨーク

十四歳までは学校、十五になったらヌエバヨーク（ニューヨーク）へ――。これがミステコ族のエリートコースである。十五歳は人生の分かれ道だ。十六、十七歳で村に残る青年たちは、まるで受験戦争に敗れた浪人生そのものである。ハイメの長男パンチートは十七歳だというのに、まだ村にいる。

「一年ぐらい前かねえ、向こうの方へ行こうとしたらしいんだよ。けれど、村を出て次の日だ。もう帰ってきたさ。いくら持っていったのか知らんけどねえ」

棕櫚の帽子を編みながらそういった曾おばあさんの顔に、落胆の色は少しもない。毎日楽しく会話のできるひ孫がいるから、こうしていつまでも元気に仕事ができる。

また一方、ミゲルのいとこで十五歳のルシオの場合。父のセシルは以前二年間、ブロードウェイ九三丁目にある中華料理店で働いており、今は村の学校の隣りで雑貨店を営んでいる。現在、村の副村長でもある。ルシオのファミリア内では、ミゲルを含め少なくとも十人以上は北にいる。まさにエリート校に合格し、後は入学式を待つばかりといった状況だ。

だが、急に雲行きが怪しくなってきた。二〇〇一年九月十一日に起きた、あの同時多発テロ事件のためだ。それ以来セシルは、毎晩十時からのニュースをテレビにかじりついて見ている。

ある晩、私は彼の家に夕食に呼ばれ、ぜひ一緒にニュース番組も、ということになった。十時近くになると、はいはいをする幼児を含め、四、五人の子供も居間に集まってきた。

「あれはアメリカのどこなんだ」

アメリカ軍によるアフガニスタンへの爆撃が映し出された画面を指して、セシルがまず聞いてきた。

「いいえ、あれはアフガニスタンというところですよ」

そう私が言うと、椅子にどかりと座っていたセシルは、少し混乱した顔つきをして「アフガニスタン？」と私を見て言った。横から七歳ぐらいの少年が「オサマ・ビン・ラディン」とひとこと言った。少年の発言はとりあえず横に置いといて、私は、簡潔に二つのことをセシルに伝える。

「ええ。アフガニスタン、です。ニューヨークからは遠く離れた国です。あれは、アメリカが、そこへ行って、爆弾を落としているのです」

「ニューヨークに爆弾は？」

「ニューヨークにはもう爆弾はありません」

「あれはアメリカじゃあないのか……」

「ええ、違います。ずっとずっと遠いところです」

私は、アフガニスタンの歴史や宗教などについて、いくつか断片的に説明した。そんなことは当然頭に入っていないセシルは、もう一つだけ、という感じでこう言った。

「で、今、ニューヨークには仕事はあるのかい」

「ええ、ありますよ。私とミゲルたちの働いているお店は、九月十二日にはもう開店していましたから」

「じゃあ、もうだいじょうぶなのかい」

「だいじょうぶです」

「もうニューヨークに、爆弾は、ない……」

「そうです。もうニューヨークに爆弾はありません」

紛争が続いている最中に、子供を出稼ぎに行かせるわけにはいかない。トゥビシンの多くの家庭にとって、子供をどこへ行かせるかはもはや問題ではないのだ。問題なのは、「いつ」「誰を」行かせるか、だけである。金ならファミリア内の誰かがどうにか工面してくれるさ。――とにかく、〝ヌエバヨーク〟へ。

ミチコヨ＝ビデオ＝デ＝ヌエバヨーク？

メキシコ行きのためニューヨークを離れる前夜十一時過ぎ、私はミゲルのアパートへ行った。部屋のドアを開いて中に入ると、めずらしく六人がいっせいに私を見た。いつもは誰かが寝ていたり、テレビを見ていたりとそっけないのだが、今夜はやっぱりちょっと様子が違う。ミゲルの妻セネイダがオレンジジュースを注いでくれる。しばらく、メキシコシティからのバスの乗り方や、タンダイのどこでミゲルの父マリオに会えばよいかといったことを、私は確認する。ドアの横に貼ってあるマリオの写真を再度見て、私は彼の顔を覚える。

次男アントニオが、テレビの下にあったビデオデッキ二台のうちの一台を取り出してきた。実家へのお土産だ。ビデオデッキを運んでほしい旨は以前から聞いており承諾していたので、それを包むためのバスタオルを、私は自分のかばんから取り出す。包み終えると、今度はお土産の入った黒いビニール袋が次から次に出てきた。

「いっぱいあるなあ。でも大丈夫。俺のかばんでかいから」

そう私が言うと、

「それなら、俺もかばんの中に入れていってくれないか」

三男マルコンドニオがおどける。

その晩、私たちは一本のビデオを見た。見終わったあと「これも忘れないように」と、黒いビニール袋に入れてミゲルが私に手渡す。そのビデオは、九月十一日の事件当日のニュース番組を、三時間以上にわたって刻々と録画したものだ。飛行機の機体が世界貿易センタービルに激突する映像がくりかえし映し出され、リポーターが何人もかわるがわる状況を説明する。

私が村に着いてすぐ、約束どおり、マリオは家族とともに真新しいビデオデッキでそのビデオを見た。そして、妙なことが起こった。翌日から、しゃべったこともない人が、突然庭先から「ミチコヨ＝ビデオ？（ビデオどこ）」ときいてくるようになった。はじめは何のことだかわからなかったが、すぐにその意味がわかった。みんな続けてこう言うからだ。「ビデオ＝デ＝ヌエバヨーク？（ニューヨークのビデオだよ）」。

しまいには、私の午前中の日課のひとつは、そのビデオを回収、配達することになってしまった。そして多くの場合、家に上がらせてもらい一緒に見ることになった。だが実際、セシルのようにかじりついてビデオを見る者は少なかった。ほとんどの者は、そのビデオをアクション映画として楽しんでいた。はじめの二十分ほどはみな真剣に見ている様子だが、誰かが冗談めいたことを言うと、ほとんど「堰を切ったように」冗談を飛ばしあった。コーラを飲みながら、逃げ惑う人々を見て笑い、黒焦げになった車を見て奇声すら上げた。つまり、ただ見てみたいだけなのだ。

家の中には、ニューヨークから持ち込まれたテレビにビデオデッキ、ビデオカメラ、CDラジカセ、靴、シャツ、ドレス、化粧品、かばん……。すべてがニューヨーク色に染まっていく。そこに到着したのが、ニューヨークで撮ったニューヨークの最新のビデオだ。メスティソではなく、白人や黒人のレポーターが実況する。彼らは、スペイン語ではなく「イングレス（英語）」をしゃべっている。しかもこのビデオを、ニューヨークに住む人間が直接村に持って来た。これこそニューヨークからの本物のお土産だ。のどから手が出るほどほしい代物だ。内容などはどうでもよい。レポーターが何をしゃべっているのかなんてどうでもいい。ニューヨークに対する漠然とした関心の強さは、おそらくこの村が世界一であろう。

「ミチコヨ＝ビデオ＝デ＝ヌエバヨーク？」

村に滞在した最後の週まで、この質問は続いた。最終的には私も、どこの家庭にビデオがあるのかわからなくなってしまった。それでも同じ質問が飛んでくるので、私はマリオにきいてみた。「ミチコヨ＝ビデオ＝デ＝ヌエバヨーク？」。するとマリオはこう言った。「クーバ」。九月十一日のアメリカのニュース番組は、いまミステコ族に一番人気のレンタルビデオだ。

コヨーテ、マルティン

十時からのニュース番組を毎晩欠かさず真剣に見入っているのは、何もニューヨークへ行って働きたい者とその親ばかりではない。彼らがニューヨークへ行けるかどうかは、実際に彼らを連れて行く者にかかっている。そういった不法移民の密入国斡旋業者（通常「コヨーテ」と呼ばれる）もまた、タイミングを計っている。

トゥビシンには「コヨーテ」はいない。が、トウモロコシ畑の広がるゆるい上り斜面を南東へ歩くこと約十分、隣り村のクーバには、コヨーテが一人いるという。このことは、ニューヨークでミゲルたちからも聞いていたし、トゥビシンに着いてからも数人の村人たちから聞いていたので、まずまちがいない情報のようだった。

彼と初めて会ったのは九月二十五日の夕方、トゥビシンにクーバとキーバの男たちが四十人ほど訪れた際の交流会においてであった。

その前日、九月二十四日の夕方、トゥビシンの男たちは牛一頭を殺し解体した。次の日の午後、交流会の行なわれる集会所の前に、直径、深さともに一メートルほどの大きな穴を掘り、そこに棕櫚の葉をしきつめ、豪快な野外料理の準備をしていた。しきつめられた棕櫚の葉の上に、前夜解体した牛一頭分の肉を放り込み、また棕櫚の葉で覆いかくして、最後に棕櫚の葉が少し地面からのぞく程度に土を盛る。ここまでが仕込みの段階である。

いざ料理するときは、地面からのぞいている棕櫚の葉に点火し、中の肉が蒸し焼きにされるまで待つ。掘り返すときはまた一苦労だ。男が三、四人がかりで、蒸された肉の塊を、シャベルでポリバケツの中に次々と放り込んでいく。味付けは一切なし。匂いに誘われ、犬が五、六匹寄ってきた。いつもと違う雰囲気に子供たちも興奮気味で、あたりを走り回ってはしゃいでいる。炭酸飲料「ペプシ」のケースが集会所の外に出され、子供たちにふるまわれる。私にも一本回ってきた。集会所の入り口のすぐ横では、女たちが五、六人、ひたすらトルティーヤ作りに励んでいる。

集会所内に入ってみると、すでに男たちの熱気でいっぱいだ。テーブルについている男たちの後ろには、いすの数が足りないため丸太棒の上に何人か座っている。ビデオカメラマンも一人いる。トゥビシンの男たちや女たちが、せっせとビールやジュース、トルティーヤ、そしてメインの〝棕櫚の葉包み蒸し焼き牛肉料理〟を、テーブルに所せましと並べていく。目の前に料理が運ばれてくると、男たちは一人、また一人と食べだした。案外黙々と食べている。この狭い空間において四十人もの男たちが肉に食らいつくというのは、かなり豪快な光景である。トゥビシンの村長ファンは、上座のテーブル席の後ろにあるいすにちょこんと座って、その様子を眺めている。

この交流会のためにトゥビシンは、いったいいくらぐらいのお金をつかっているのだろうか。ざっと計算してみよう。七〇〇〇ペソ（牛一頭）＋一六〇ペソ（ビール一カートン）＋三五〇ペソ（ジュース五カートン）＝計七五一〇ペソ（約八〇〇ドル）の出費だ。一軒あたりいくら出しているのだろうか。そもそも何のための交流会なのだろうか。主催者側のトゥビシンの男たちは一緒に食事をしていない。

しかし私の関心は、それとは別のところにあった。こんな山の寒村に住む、不法入国斡旋業者とはいったいどんな人物なのだろうか。西部劇映画に出てくるような極悪非道なギャングだろうか。「コヨーテ」は、れっきとした国際犯罪者だ。彼はきっとこの中にいるに違いない。交流会もなかばを過ぎ、だいぶ場もやわらいだころ、ちょっと集会所の中に入ってみる。十人ほどの男たちがいっせいに私の顔を見る。相変わらず、意外と静かに食べている。ビールを飲んでいる者は少ないようだ。

私はとりあえず、集会所の入り口近くに座っていた男に話しかけてみた。

「クワタ（こんばんは）」

「……」

「ミチコヨ＝キシュン？（どこから来たのですか）」

「クーバ・リブレ」

ここから先はブロークン・スパニッシュだ。

「あの、ちょっと、うかがいたいことがありまして。クーバには、マルティンという名の、あの、その、いわゆる『コヨーテ』をしている人が、一人いると聞いたんですが……。今日、ここに、来ていますか」

するると男は間髪を入れずにこう言った。

「俺のことだ」

「えっ！」

まったく運がよかった。まるで向こうから私を訪ねてきたみたいだ。こんなに簡単に「コヨーテ」に会えてしまうのも驚きだが、なんの驚くようすも見せずに彼が答えたことにも、私は驚いてしまった。

彼の名はマルティン。まだ三十代半ばの若さだ。私がニューヨークから来たと言うと、「俺も昔いろいろなところで働いていた。ピザ屋、イタリア料理店、中華料理店、それにタイ料理店……」。正確な住所もすべて覚えている。次に、私が日本人だと言うと「ニーハオ、タウライカッ、コンニチハ」など世界各国の挨拶を教えてくれた。マンハッタンのさまざまなレストランで働く彼らにとって、ニューヨークに出稼ぎに行くことは、すなわち世界を旅するようなものだ。ニューヨーク歴は計十年。恰幅（かっぷく）のよさはひときわ目立つ。と同時に、長年高級イタリア料理店で働いていたというだけあって、唯一のりの効いた黒いシャツを着ている彼は、ハンサムで上品でもある。真新しい白のソンブレロもよく似合っている。私が彼の容姿をほめると「それだけじゃないさ。靴を見てくれ。このティンバーランドというブランドはすごくいい。本革だ。わかるか」。

マルティンの隣りに座っていた二、三人の男たちも私に興味津々のようすで、たちまち会話に入ってきた。一人の男が私に椅子を用意してくれる。皆ニューヨークで働いていたらしく、それぞれ何丁目のどこそこで働いていた、と説明をはじめた。彼らのアッパーウェスト地区の詳しさにはまったく舌を巻く。

驚いたのは、ミゲルのことをマルティンが知っていたことだ。「アムステルダム街八七丁目のところだ」と、ずばり「はな」の場所を言い当てた。なぜそんなことまで知っているのかと問うと、「ついこのあいだ、そこへ行ったからだ。何人か北へ連れて行ったとき、その中にアルマンドというやつがいた。そいつはニューヨークへ着いても俺に払う金をもっていなかった。その金を立て替えたのがミゲルだ」。

金を立て替えたのがミゲル……。その瞬間、私はハッとした。

今から一月ほど前の、八月下旬のある土曜日のことだ。厨房で働いていたのはミゲル、カタリーノ、ラウール、私の四人。その日の夜七時過ぎ、ミゲルがそわそわしながら店の外をしきりとのぞいているので、どうしたのかときくと、「もうすぐいとこがここへやってくるんだ。たぶんコヨーテと一緒に。これがコヨーテに払うお金で」と言って、ポケットから二十ドル札の束をすっと取り出して見せた。「千五百ドルある」。そう言うとミゲルはポケットに札束をもどし、「大金だよ」とつぶやいた。私は地下の冷蔵庫へ行くふりをして、カメラをポケットに忍ばせ、厨房に戻った。

少したつと電話が鳴った。珍しくミゲルへの電話だ。話し終えた彼は、「アルマンドを待つ」と言って、エプロンをはずし店の外へ出て行った。いよいよだ。私も外をのぞきながら仕事を続けたが、店が急に忙しくなったので、残念ながら、結局そのときはコヨーテを見逃したのだ。

外へ出て行ってから約十五分後、支払いを終えたらしく、ミゲルは厨房の中へ小さな少年をつれてきた。そして、こう言った。

「今晩、たった今ニューヨークに着いたんだ」

「コヨーテは」ときくと、「もうどこかへ行ってしまった」とミゲル。

まったく仕事どころではなくなった。とりあえず、あいさつをする。

「クワタ（こんばんは）」

「……」

「イキャ＝ナヌン？（名前は）」

「……」

緊張しているのだろう。長旅を終えた疲れもあるだろう。それに、ミステコ族以外の者からミステコ語を聞くのも生まれて初めてにちがいないから、無理もない。だが、もうひとつだけきいてみたかった。

「ダサー＝クイヤ？（いくつなの）」

「……」

「シャウン（十五）」

代わりにミゲルが答えた。そんな年なのか。とても十五歳には見えない。どう見ても十歳ぐらいの小学生だ。本当にニューヨークで働けるのか。さかさまにしたバケツの上に腰かけたアルマンドは、挙動不審なようすで厨房のまわりをきょろきょろと見回し続けている。

そんな彼も、現在はブロードウェイ一〇八丁目のスーパーで働いている。

その後、再度マルティンに会ったのは十月十日。その日は、少々度肝を抜かれた。私を出迎えた彼はすぐに「ちょっといい物を見せてやる」と言い、裏庭の小高い丘まで私を連れて行った。見晴らしはすばらしく、心地よい風が吹き抜けていく。ここでたくましい自然児として育った少年たちは、ニューヨークのビルの奥の、暗くて臭くて狭い厨房の中で青年期を過ごすのだ。出稼ぎは、徴兵制に似ている。遠方にはタシンの町並みが見える。ふと見ると、我々の横には柵があり、ヤギが何十頭かその中にいる。全部で四十頭ほどいて、すべてマルティンの兄のものだという。

ヤギについていてなにか聞こうとしたそのとき、マルティンはなにも言わずにシャツをまくりあげると、ズボンの腰まわりからピストルを二丁取り出した。私がドキッとしたその瞬間「ダダダダダダダダダーッ！」、彼は十発ほど空へ乱射した。銃を両手にマルティンが近づいてくる。次に何が起こるのかまったくわからず硬直した私の横を通り過ぎ、彼はこう言った。「アメリカ製さ。さ、家に入ろう。じつを言うと、今日は兄貴の誕生日なんだ。あとでヤギを一頭料理する予定だ」。

まったくとんでもない客の迎え方だ。

結局その日は五分ほど雑談しただけで、私はクーバを後にした。私について来たファキンとアルフォンソが、マルティンの銃声に震えあがってしまっていたからだ。これでは自由に取材できない。

「また来いよ」と言ったマルティンには、その後、十五日と十九日にひとりで会いに行った。すると彼は「まだトゥビシンにいるのか」と不思議がり、変わったやつだなあ、といった顔をする。「毎日なにをしているんだ」ときくので、「なにってべつに、特になにも……」と言うと、きまって「じゃあ、アカプルコへ行こう。あそこはいいぞ。アカプルコへ行こう」としきりにアカプルコ行きを私に勧めた。彼にとってそこは第二の故郷だ。七歳のときに父が亡くなり、そのため彼は八歳のときアカプルコで靴磨きを始めた。クリヤカンで働いたのはたったの二カ月間。「暑いし、金にならないし、とにかく最悪だった」。

マルティンの母も十年前に亡くなり、今は妻、息子二人と娘四人、それに兄や甥たちと一緒に暮らしている。家は日干レンガを泥で塗り固めただけの粗悪な造りのものだ。彼は畑も家畜も持っていない。

貧しさを身にしみて知っている彼にとって、貧しさから逃れられない仕事に従事できないのは当然だ。コヨーテ仲間はほかに二人。国境の町ノガレスと、アリゾナ州のフェニックスにいる。十五日の夜、家族のそろった六畳ほどの居間で、マルティンに話を聞いた。

「必ずニューヨークまで連れて行く」

彼のルートはこうだ。まず、タンダイからバスでメキシコシティまで行く。次に、メキシコシティからメキシコ北西部にあるソノラ州の州都エルモシヨまで、飛行機で一気に飛ぶ。メキシコは日本の五・二倍の広さを持つ大きな国だ。鉄道はそれほど発達しておらず、かといって車で行くとなると何日かかるかわかったもんじゃない。その間のガソリン代、食事代などを考えると、航空代とさほど変わらないそうだ。

エルモシヨでノガレス在住のコヨーテ仲間ホセと合流し、国境の町ノガレスまで車を走らせる。走らせると一口にいっても、約三〇〇キロの長旅だ。そこからさらに東へ一〇〇キロほどのところにある、人口八〇〇〇人の小さな町ナコまで走る。何時間も車の中にすしづめにされる少年たちは、このへんで疲労困憊し、少女は泣きっ面になってくる。がしかし、ここまではほんの準備段階にすぎない。本番は、夜だ。

「まずホセがいく。国境を越えるための穴があいているのさ。俺たちは待機だ。少したつと、向こうからホセが合図を送ってくる」

マルティンが懐中電灯を持ってきて、パッ、パッと二回短く点滅させた。

「これだ。これがゴーサインだ。あとは、列を作って、光のあった方向に向かって走る」

この方法で失敗したことは今までに一度だけ。そのときも、国境警備隊に追い返されてから、またすぐに試みて成功したという。いつもこのルートを使うという彼は、自慢げにこう言った。

「俺はシンカー“thinker”（英語で〝よく考える人〟〝思想家〟の意味）だ。同じＩＤカード（身分証明書）は持っていかない。毎回変えるのさ。兄貴のとか、義理の兄弟のとか。もしつかまったとしても、〝俺〟は絶対につかまらないってわけさ」

この小さな町ナコから不法に国境を越える者は近年急増しており、二〇〇一年だけで、町の人口の約四倍にあたる三万人が、ナコに到着するという。三万というのは、毎月の数字である。

国境を越えると、また別の車に乗り込む。もう一人のコヨーテ仲間フリオが迎えに来ているのだ。目的地はロスアンゼルス。フリオの役目は、この出迎えと、ニューヨークまでの飛行機チケットの手配だ。ニューヨークまで行くのは、マルティンのみ。ロスアンゼルスで、儲けを三等分する。ニューヨークの空港からはタクシーを拾い、アッパーウェスト地区かアッパーイースト地区のアパートへ連れて行く。そして、そこで待っている兄弟や親戚に引き取ってもらったところで、マルティンの仕事も完了する。

「家族のためにこの仕事をしている。このボロボロの家を見てくれ。村には俺を金持ちだと思っているものもいるが、コヨーテなんてそう儲かるもんじゃない。ただここには何もない。どこに仕事があるんだ。娘も十五になったらニューヨークへ連れて行くよ」

儲かる仕事ではないという彼に、分け前はいくらなのか聞いてみた。まず、一人当たりの斡旋料は一五〇〇ドル。出発前のドル現金払いが原則だ。そこからバス代、航空代、ガソリン代などが引かれ、依頼者一人当たりの差額は四〇〇ドルとなる。さらにそれを三等分したものが、コヨーテ一人当たりの儲けとなる。つまり、例えば、十人連れて行った場合のコヨーテ一人当たりの手取りは、四〇〇×一〇÷三＝一三三三ドル、となる。ガッポリ儲かるというよりは、小金が入る、といったほうが正確だろう。

ニューヨークに滞在するのは、いつも一週間ほどと意外に短い。唯一の楽しみは、「ブロンクスにある動物園へ行って、一日じゅう動物を見ること」だそうだ。好きな食べ物はスパゲッティで、十九日には、トマトスパゲッティの夕食にも招待してくれた。

慣れた手つきでチーズを削る。トマトとチーズのよい香りがする。こんな食事は久しぶりだ。しかも今日はすべて、マルティンのお手製料理である。コーラも一人一本ずつ手渡される。

「付けあわせとしてはおかしいけれど、今日は牛肉の炒め物も作ってみたんだ。いっぱい食べてくれよ」

マルティンと私は、コーラで乾杯する。妻、子供、いとこなども皆おいしそうに食べている。長年ピザ屋やイタリア料理店で働いていただけのことはある。マルティンは料理がうまい。たくさん作ってくれたから、おかわりできそうだ。私がきいたわけでもないのに、好きな野菜はブロッコリーだと、マルティンは言った。たまたまテレビのコマーシャルでブロッコリーが映し出されたときには、「ブロッコリー！」と叫んだほどだ。そしてこう続けた。

「この村に住む者たちは、スパゲッティもブロッコリーも知らないんだ。つまり、外の世界を知らないのさ。それじゃあダメだ。世界は広いんだ。いろんなものがあるんだ」

まだこの仕事を始めて二年と短い。ミステコ族はコヨーテとしても新米だ。だがつては多い。アカプルコでは彼の名は知れ渡っているという。彼への依頼は、遠くカリブ海諸国にまで及ぶ。

アカプルコで彼のうわさを聞いたドミニカ人が、わざわざクーバまで来たこともあるという。ほかにも、グアテマラ人、エルサルバドル人も彼を訪ねてくる。

「アカプルコに十日間でも滞在してみるといい。俺の名を自然と耳にするさ」といい、斡旋料はいくらくらいなのかと問うと、「メキシコ人以外からは五〇〇〇ドルもらう」ときっぱりと言った。

クリントン政権がサンディエゴの国境地帯の警備強化を九四年十月より実施したことにより、九〇年代なかばから、越境者たちは偏境の砂漠地帯を越境ポイントとして狙う傾向にある。その中でも近年人気が高いのが、アリゾナ州ノガレス（スペイン語で「クルミの木」という意）だ。

この人口二万人ほどの町ノガレスには、コヨーテ組織も存在し、斡旋料の相場がある。その相場は、一八〇〇〜二五〇〇ドルと言われ、値段が高ければ高いほど、より安全な方法で国境を越えることができる。一八〇〇ドルだと下水管を這わなければならないが、二五〇〇ドル出せば、パスポートもビザもある「他人」になりすまして車で国境を越えられる、という寸法だ。

マルティンには、経験の浅さもあるだろうが、そういったコヨーテとしてのずる賢さやしたたかさが、まだない。私がニューヨークで会ったグアテマラ人やエルサルバドル人たちは、六〇〇〇〜八〇〇〇ドル払ったと言っていたから、マルティンの取る斡旋料は良心的な金額といえる。コヨーテが依頼者を殺害し、金だけ持ち去る事例も多々ある中、マルティンは、そういったあくどいコヨーテとはまったく違うコヨーテだ。

マルティン（左から二人目）とその家族

十月十五日の午後。雨が降りそうで降らない曇り空の下、クーバの集会所で、同じく三村間の定期的な集会があった。クーバ、トゥビシンの村からは男がそれぞれ約十人、キーバからは六、七人来ていた。しかし今度は料理も出ず、ただたんにさまざまな議題について話し合うというもので、学校の校長先生がその議長を務めていた。

会議が始まったころ、私は、マルティンの家でコーラを飲みながら雑談していた。彼が「ちょっと散歩でもしよう」といい、我々が集会所に着いたときには、もう会議は終わりに近かった。彼は後ろのほうでつっ立って聞きはじめた。ものの二十分ほどで会議は終わり、男たちは各村の者たちにミステコ式握手をしていく。マルティンをはじめ何人かの男たちがいすの片づけを始めた。すると、キーバから来た四十代の男が一人、マルティンにすっと近づき何やら話しかけた。明らかに〝北〟についての話のようだ。「今度うちの息子を北へやりたいと考えているのですが……」。表情から会話の内容が自然に聞こえてくる。男が話し終えるとすぐに、また別のキーバからの中年の男が話しかける。「あの、このあいだ話していたうちの息子の件ですが、出発はいつごろになりそうでしょうか」。

一人の男が単独で隣り村へ行くことはまずない。常になにかの目的で、村全体の男たち、もしくは代表団が訪問する。何人かの男たちにとっては、訪問の目的はずばり、マルティンと連絡を取ることである。村長たちもそれは十分承知している。事実、キーバの村長は現在、二十歳になる長男アントニオのニューヨーク行きを、マルティンに依頼中である。

トゥビシンの村長ファンは以前、アッパーウェスト地区の中華料理店で働いていた。仕事は皿洗いだった。村長であれ誰であれ、不法移民一年生は毎日皿洗いをするしかない。新村長のファニートも同様に、以前アッパーウェスト地区で働いていた。彼の娘二人も現在ニューヨークにおり、別々のインド人宅の家政婦として働いている。ファンもファニートもマルティンとは同世代、ともにアッパーウェスト地区で働いた仲だ。マルティンは、村民の願いを素直に体現しているにすぎない。「地域密着型」でコヨーテ業をしているといった感じだ。

そんな彼に今後の予定を訊いた。

「今十七人から依頼がきていて、出発は十一月三日の予定だ」

十七人のうち、ほとんどがクーバの若者で、彼の十七歳になる長男も含まれている。長男にとっては二度目の北行きだ。残りはすべてキーバの若者だという。キーバの村長の長男アントニオもその中の一人だ。なぜトゥビシンからの依頼がないのかときいたが、「知らんねえ。きっとやつらはびびっているんだろう」。世界貿易センタービルのテロ事件による旅への影響については「心配はしていない」と言い、最後にほかのコヨーテとの違いをこう強調した。

「やつらは国境越えに失敗したらそれで終わりだ。金だけもらう。だが俺は違う。一度金をもらったら、北へ行くまで何度でもチャレンジする。そして、必ずニューヨークまで連れて行く」

今から十年以上も前のこと。マルティン自身が出稼ぎに行くために、初めてアメリカへ行こうとしたとき、ティファナで依頼したコヨーテは国境越えにしくじり、金だけ奪って逃走したという。この忘れ難い経験が、マルティンにそう言わしめている。マルティンは、まさにミステコ族の側に立つコヨーテだ。

もう一人のコヨーテ

今回トゥビシンで誰もマルティンに依頼しなかったのは、決して彼らが「びびっている」からではない。理由は二つある。ひとつは、毎年一月十一日から十三日までの三日間、トゥビシンでは村最大の「グアダルーペの祭り」が行なわれるため、年明けまで待っていること。そしてもうひとつは、近くの町タンダイに、トゥビシン専門のコヨーテがいるためだ。

十月十一日午後、私とマリオはタンダイへと向かった。タンダイにいるそのコヨーテに会わせてくれるよう、私は以前からマリオに頼んでおり、ようやく彼が時間をとってくれたのだ。その日はマリオの甥の家に一泊させてもらい、翌十二日の午前七時半過ぎ、彼、ラウールの家へと向かった。まだ人通りのまばらな道を、マリオはいつもよりやや足早に歩いていく。

ラウールとは八時頃に対面した。青のジーンズに明るい黄緑色のTシャツ、そして白のスニーカー、まだ三十代と若い。よく日に焼けてなかなかのスポーツマンといった感じだが、松葉杖をついている。一年前にタンダイの路上で交通事故に遭ったからだという。車椅子生活が長かったが、最近ようやく松葉杖で歩けるようになり、車の運転もできるまでに回復した。それでも、二階にある玄関までの階段の上り下りは、まだ少しきつそうだ。

「日本人？」「ほんとうに警察じゃあないんだろうな」「パスポートを見せてもらおうか」「ほんとうにミゲルと働いているのか」「なんでニューヨークからわざわざこんなところまで来たんだ」。

玄関先でラウールは矢継ぎばやにいくつもの質問をした。私は自分のパスポートと所持品をすべて見せ、正直に、まず流暢な英語で私に言い、次にスペイン語でマリオに同じ質問をした。私は自分のパスポートと所持品をすべて見せ、正直に、ニューヨークにいるミステコ族の出稼ぎ問題を追っているので面談したい旨を伝えた。続けてマリオが、ミゲルと私とはバイト仲間であることや、私がマリオのところに滞在していることなどを語った。まだ半信半疑の表情だが、マリオの言葉には説得力があるようだ。マリオは、ミゲルをはじめとする息子たちのニューヨーク行きを、これまで何度もラウールに頼んでおり、いわば顔見知りの常連客なのだ。ついこのあいだも、一時村に戻っていた三男マルコンドニオを、ニューヨークへつれていったところだ。へたなウソをつくとは思えない。トゥビシンにはこうした常連客が数多くいる。

「ま、いいから入れ」とラウールは言い、玄関に入ってすぐの、六畳ほどの居間に私たちは通された。とりあえず面談の許可は下りそうな気配だ。生活感あふれる居間の奥には食卓も見え、戸棚からは大きなケロッグ（シリアル）の箱がのぞいている。居間の横の壁には小さな子供の写真が飾られている。その横には若い女性と撮った、ラウールの若いころの写真もある。席に着いたラウールは、マリオにもう一度、今度は少し小さな声で確認した。「ほんとうに警察じゃないな」。「ちがいますよ」。同じように少し声をひそめて否定したマリオは、外で待つと言って、一人で部屋を出ていった。

「（トゥビシンが）七〇パーセントと（タンダイが）三〇パーセント」

少し早口の英語で答えが返ってきた。彼への依頼人の出身の内訳だ。なぜトゥビシンが多いのかときいたが、答えを渋った。

食卓のほうから夫人らしき女性がなにやら話しかける。「もうちょっと後にしてくれ」、ラウールが答える。彼も家では一男一女の父親である。ラウールの父の仕事は、建築資材となるコンクリートブロックの卸し業で、ラウールが小さいときから一家の生活は安定していたという。彼はメキシコシティの高校を卒業し、国立の芸術大学に入学した。昔から写真が好きだったからだと、その理由を説明した。アメリカへは大学在籍中からしょっちゅう出稼ぎに行っていたそうだ。卒業したあとは地元タンダイに戻り、コカコーラ社に就職した。現在は、この建物の一階で、甥たちと共に印刷業を営んでいる。コヨーテは、副業である。

斡旋料はこちらも一五〇〇ドル（一年前までは一二〇〇ドル。その後一五〇〇ドルとなり、二〇〇二年一月には一六〇〇ドルとなった）。十人以上集まらないと出発しないほか、航空チケット代が安いときのみ飛行機を使うこと、さらに、ササベ、ナコ、ティファナの三つの国境地点を毎回順に使うことなど、クーバのコヨーテ、マルティンとは比べものにならないほどの慎重ぶりだ。それでもやはり、マルティン同様、アリゾナ州にあるナコを使う点では一致している。私は質問を続ける。

「それら三つのうちで、つまり、ササベ、ナコ、ティファナのうちで、どこがいちばん易しいですか」

「それは言えない」

「いつからこの仕事をしていますか」

「（三秒間ほど沈黙）それも答えられない」

「今までに何回ぐらい仕事をこなしましたか」

「(五秒間ほど沈黙)十回」

質問を吟味してから答える。そして、答えると、彼は私の目をほんの少しだけじっと見る。

「ほかにタンダイにいるコヨーテを何人くらい知っていますか」

「知らない」

「一人も」

「一人も知らない」

私でも少なくとも三人知っている。が、ラウールは本当に知らないのかもしれない。知っていて何になるのか。マルティンはラウールのことなど知らなかった。タンダイでニューヨーク経験者の何人かに聞いてみても、ラウールの名を知っているものは案外少なかった。ほかに挙がったコヨーテの名前は「ミゲル」と「フリオ」。だが、「ミゲル」を知っている者が必ずしも「フリオ」も知っているわけではなかった。と同時に、「フリオ」を知っている者が、ラウールも「ミゲル」も知らない、ということもあった。各コヨーテが縄張りを持っており、そこで活動しているという推測はできるが、真相はわからない。

ラウールのコヨーテ仲間はもう一人いる。アリゾナ州フェニックス在住のメキシコ人女性だ。約二十年前、テキサス州のアマイエロというところのバイト先で、彼女と知り合った。「アマイエロは"I am yellow."(私は黄色人種です)に聞こえるだろ」とラウールは駄洒落を飛ばした。当時は二人ともたんにメキシコ不法移民として、ある牧場で一日じゅう、ただひたすら牛の背中を洗い流す仕事をしていたという。週四〇〇ドルで、当時としては「金は悪くなかったが、好きにはなれない仕事だった」。

だが、そのアマイエロの牧場経営主は、彼らを気に入ったようだ。コヨーテになった今、ときどきそこの牧場主からメキシコ人手配の依頼がはいるという。さらに、彼がアマイエロで働く前にいた、カリフォルニアのリバーサイドにあるレストランのオーナーからも、同じように不法移民斡旋願いの連絡がときどきくるという。

だが、こんなことは氷山の一角にすぎない。

マクドナルドのフライドチキンなどで知られる、精肉食品業者としては米国最大手のタイソン食品会社が、こうしたコヨーテを雇って不法移民を大量に工場に連れてきていた、というニュースが流れたのは、二〇〇一年十二月のことだ。

一九九四年から二〇〇一年にかけて、九つの州にまたがる約十五のタイソン社の工場で、メキシコと中米から来た不法移民が働いていたという。そして、彼らを手配したコヨーテたちも、以前、タイソン食品で働いていたというのだ。十二月二十一日の「ニューヨークタイムズ」はこう書いている。

「ほんの十五年前まで精肉包装工場で働いていたのは、労働組合に加入している者たちで、彼らはインフレ調整のため、時給十八ドル前後の高給取りだった。が、今日食肉処理工場および包装工場で働くのは、労働組合未加入の低賃金で働くメキシコ人とグアテマラ人だ。彼らの多くは時給六ドルからスタートする。（中略）アメリカ中西部の精肉包装出荷工場で働く四人に一人は不法移民である、と移民帰化局は推定している」

アメリカは肉の消費大国であるだけでなく、不法移民の消費大国でもある。肥満の数と不法移民の数とは比例する、というのは案外的を射た事実かもしれない。

「ほんの少し前までは九対一だったが、今は八対二だ」

依頼人の男女比である。ラウールの妻は現在、タンダイで教師をしているが、彼らが知り合ったのはアメリカにいたときだ。ミゲルの妻セネイダと、彼女の二人の姉妹も北にいる。ミゲルの弟マルコンドニオの恋人スサナも北にいる。セネイダは現在ブロードウェイ一一二五丁目のアフリカ料理店で働いている。ミゲルの弟アントニオの妻エステルも、「早く北へ行きたい」と小声でもらした。結婚そうそう離ればなれになり、もう四年も会っていない。

インタビューを終えたあと、ラウールが私たちを、町の中心部まで車で送ってくれることになった。「マルコンドニオを見たらよろしく言っといてくれ」。

最後にラウールがマリオに伝言を頼む。

中心部まではわずか五分足らず。ラウールは音楽を聴きながら運転している。私がたまたま「なにについて歌っているのですか」ときくと、ラウールは「俺についてだ」という。気になったので、曲名とグループ名をメモしてもらい、私はメキシコシティに戻ってからそのカセットを

顔は撮らないという約束で、撮影を許可したラウール

買い、歌詞を読んでみた。驚いた。偶然であったが、それはまさに、「ラウール」について歌っていた。

俺も商人だ
だが、葉っぱのほうじゃねえ
ちゃんとした人間を向こう側に連れて行くのさ
いうなれば、俺は鶏肉売りだ
違法に北へ行くためのちょっと変わった書類があるのさ

パスポートがなくても俺が持ってる
問題なのはお前の出身国だ
問題なのは、それがちょっとお高くつくってことさ

緑のやつら[注]には力がある
でも俺たちにはそれがない
奴らに鶏肉をくれてやる
少なくないってことぐらい知っているだろう
フェンスを建てたって無駄なのさ

俺たちの商売は違法だ
けど、すべての者に利益を与えてる
鶏の数は生まれてくるまで誰も数えられないのさ

国境まで行って、それを越えたけりゃ
移民局を嘲笑(あざわら)いたけりゃ
誰に相談したらいいのかわかるだろ
住所を教えてくれ
いつでも会いに行くさ

時間はある

まだやめるわけにはいかない
成長中の仕事だから
今後もさらに忙しくなりそうだ
大使館が閉まっても、俺はそんなに心配しちゃいないのさ

グループ名　ロス・トゥカネス・デ・ティファナ
曲名「コンスラード・プリバード（個人大使館）」

［注］緑のやつら＝"Los Gringos"「ロス＝グリンゴス（緑色の人々）」。米ドル紙幣が緑色であることから、転じてアメリカ人の意。メキシコおよび中南米の観光地では、アメリカ人がドル紙幣を片手におみやげ物を買いあさるのが日常的な光景だ。そんなとき、地元の人は「ほらまたグリンゴスがやって来た」と言う。「グリンゴス！　グリンゴス！」とからかうと、「なんなんだそれは。俺はグリンゴスなんかじゃない。アメリカンだ！」などと英語でまくし立てる「グリンゴス」も多い。

トラックに身をひそめて

ニューヨークへはどう行くのか、残念ながらラウール本人の口から聞くことはできなかった。そこで、代わりに、ラウールのルートを実際に二度体験したミゲル本人の口から語ってもらおう。これは二度目の越境のときのようすで、村を出発したのは、一九九九年五月一日だった。

「バスでタンダイからメキシコシティまで行った。そう、君も使ったあのスール（SUR。バス会社名）だよ。全部で二十四人もいたからねえ、もうバス一台貸しきり状態だよ。エスペシアル（特別車）だったね（笑）。トゥビシンからは十四人いた。みんな知ってるやつばっかりだよ。あ、そのときマルコ（ミゲルの弟。マルコンドニオのことを彼らは略してこう呼ぶ）も一緒に行ったんだ。マルコはそのときが初めてでさ。やっぱり初めてのときは誰かと一緒じゃないと。で、メキシコシティからエルモシヨまで飛行機で行って、そこから車に乗り換えた。ああいった（すぐ目の前を走っていた普通の自家用車を指さして）普通の車だよ。車の中は、もうとにかく狭かった。で、車でノガレスまで行って、そこに二日ぐらいいたかなあ。特になにもしてなかったよ。食事はね、ラウールがジュースやトルティーヤや肉を買ってきて、それをみんなで食べた。ラウールは飯を出してくれるからいいよ。（クーバの）マルティンは飯も何も出さないらしいからね。最悪だよ」

「周りの様子は」

「周りには同じようなグループが大勢いたんだ。俺たちみたいにかたまってさ、あっちにもこっちにも。みんな同じこと考えてるんだよねえ」

国境を越えるのは夜遅く。

「とにかく一気に走るんだ。橋の下に金網のフェンスがあって、穴が開いているんだ。小さな穴だったけどね、ぎりぎり通り抜けられた。そのフェンスまでダッシュして、穴をくぐってまたダッシュした。三十分ぐらいかなあ」

「たった三十分、たったそれだけ？　はじめフェンスまで走るでしょ、それからもう少し走って……、全部で三十分ぐらいなの？」

「そうだよ。三十分ぐらいかなあ」

三十分とは予想外に短い。国境越えに関しては、砂漠地帯を何十キロと歩き続ける若者の実態がよく報道される。そういったことから来る悲劇も日々起こっている。最近起きた大きいものでは、アリゾナ州ユマ近郊の砂漠地帯で、二十六人のグループのうち十四人が死亡した事故がある（二〇〇一年五月二十五日）。四〇度以上の酷暑の中、四〇キロ以上の道のりを歩き続けた末の結果だった。砂漠の表面温度は摂氏五五度近くにも達していただろうと考えられる。亡くなったのは、十六～三十五歳までのメキシコ人男性だった。

だが、ラウールに関して言えば、こういった危ない橋を渡った話はまったく聞かなかった。彼は、ミゲルが言うように、省エネ型で国境を越える。

「で、ちょっと走ると家があって、その前に車が待っていて、コヨーテ仲間の女の人がいたんだ。で、俺たち、彼女に『何か飲むものをください』って言ったんだ。そしたら水しか出てこなかった。ジュースを期待していたのに（笑）。車で少し走ったらまた家があって、そこで、トラックに乗りかえたんだ。野菜を運ぶトラックで、トマトとかきゅうりとか、中は冷凍庫みたいに寒くてさあ。途中、ポリシア（警察）の検問があったんだよ。ドアを開けて懐中電灯で中を調べられてさ。もうみんな野菜に隠れて息止めて……」

「二十四人全員、そのトラックに隠れていたの」

「そうだよ。全員隠れていたんだ。こうして息まで止めてさ（口に手を当てて三秒ほど沈黙）。で、誰も見つからなかったんだ。でもとにかくあのときはヤバかったよ。そのあとさらに一時間ぐらい走って、フェニックスについた。それからまた走ってラスベガス。もうとにかくトラックの中は寒くて寒くて。ラスベガスからは飛行機でニューヨークに渡った」

結局、ニューヨークに着いたのは五月十五日。トゥビシンを離れてから二週間が経っていた。

「はじめてニューヨークに来たときの印象は」

「印象はねえ、最初はやっぱり、とんでもないところに来ちゃったなあ、って思ったよ。こりゃ大問題だぞって。歩けない……どうしよう……（笑）」

ブロードウェイ一一二丁目のアパートに義理の兄と共に住みはじめ、飛び込みで仕事も見つけた。一一四丁目にある二十四時間営業のカフェだった。深夜、店の前にあるコロンビア大学内の研究室や教授室、それにまわりにある学生寮などに、ハンバーガーやサンドイッチを配達する、いわゆる「デリバリー・ボーイ」が最初の仕事だった。

アメリカに不法入国するメキシコ人の数は、二〇〇〇年には一日平均で四〇〇〇人強。だが、失敗する者も数多くいる。失敗しても、それは彼らのせいではない。ある日、いつものように厨房で働いていたとき、ミゲルが話してくれた、笑うに笑えない話がある。

キーバの若者たちのグループが、無事国境を越え、車、飛行機と乗り継ぎ、ＪＦＫ国際空港の国内線に到着した。右も左もわからない彼らは、ヒヨコようにとりあえず親鳥であるコヨーテの後ろにくっついていったという。だが、手荷物ひとつない十代の若者が、ぞろぞろと空港内を歩いていたら、挙動不審でいやがうえにも目立ってしまう。運悪く、移民局員（もしかしたら警察）がそれを見つけ、グループ内の一人の青年をつかまえて（おそらくスペイン語で）こう質問した。

「何しに来た」。青年は、正直にこう答えたという。

「トラバホ（仕事）」

取調べののち、全員、即時強制送還された。

トゥビシンの英雄

トゥビシンにおける史上最も有名な人物は誰であろうか。

おそらく多くの者が「それはルシーノだ」と答えるにちがいない。

三十代半ばとまだ若い彼も、昔はやはりクリヤカン生活を送っていた。トゥビシンにいる間は、山で棕櫚を切り出してきては、一時間ほど山を降りたところにあるタシンの町へ売りに行っていた。タシンはトゥビシンより二、三倍大きい、大半がメスティソの町だ。

「一〇〇本売って、たったの二ペソ。その二ペソでノニ（トウモロコシの粒）を一リットル買った」（ちなみに、ノニ一リットルでトルティーヤは二十枚ぐらい作ることができる）

タシンは山裾にあり、そのすぐ横には幅約四〇～五〇メートルほどの川が流れている。村人たちはその川から水を引けるため、二期作が可能で収穫量も当然多い。稲作もしている。マンゴーやパパイヤの木もある。反対に、薪や棕櫚は手に入りにくい貴重品だ。前述したように、マリオとミゲルもよく棕櫚を売りにタシンへ行っていた。

「一〇〇本売ってたったの一〇ペソ。ノニ三〇リットル分の現金収入だった」

マリオとルシーノとの証言には、多少の差異があるものの「人によってかなり買い値も違っていた」。共通しているのは「服など買うお金はとうてい得られなかった」ということだ。そんな状況の中、今からちょうど十二年前（一九九一年）、トゥビシンの村に新しい歴史を切り開くような大事件が起こった。

一九九一年一月のある日、ルシーノは棕櫚をロバの体いっぱいに縛りつけ、いつものようにタシンへ売りに出かけた。すると、以前いつもよい値で買ってくれていた男が、久しぶりに村にいた。聞くと北から帰ってきたところだという。彼は夢のような北の話を始めた。

またすぐに北へとんぼ返りするという彼の口から出たのは「なんなら一緒に行くか」。これがトゥビシンの歴史を変える一言となった。彼は、ルシーノの「コヨーテ」に払う三〇〇〇ペソも立て替えてくれた。そしてその月、二人はすぐさま北へ向かった。当時まだ、トゥビシンには電話はおろか、電気すら通っていなかった。

ルシーノはまず、ロスアンゼルスのとあるスーパーで十日間働き、一五〇ドルを手にしたあと、ニューヨークにより多くの仕事があるということで、単身ニューヨークへ飛んだ。空港に着くと、わけも分からずタクシーに乗り、「今思えばたぶんJFK空港からマンハッタンへ向かったと思うのだけれど……」、着いたはいいが右も左もわからない。結局初日の夜は「トラックの下で寝た」。

次の日、腹をすかせながらトボトボと道を歩いていると、向こうから一人のミステコ族らしき男が歩いてきた。男はルシーノに話しかけてきた。他村出身ではあったが、同じゲレロ州出身のミステコ族だった。事情を知った彼は、ルシーノをかくまい、さらに仕事も探してくれたという。あかの他人である「アミーゴ」を助けることなど、今日では絶対考えられないことだ。あるピザチェーン店で一日十三時間、週七日、ルシーノは働きだした。

一年後の一九九二年一月、つかれはてて一時帰郷。持ち帰ったお金は、総額二万五〇〇〇ペソにものぼっていた。村で初めてとなる日干しレンガの家を建て、そこで雑貨屋を開いた。借りたお金を返しにタシンへ行ったが、男はまだ北にいて不在だった。代わりに彼の家族に三〇〇〇ペソをきちんと返した。困ったのは、昼夜を問わず一日じゅう、村の男たちが家へ押しかけてきたことだ。男たちがまず驚いたのは、彼がきちんと帰ってきたこと、そしてうわさに聞いていたように、本当に北で富を築いたことだった。

彼の凱旋帰国からわずか二カ月後の一九九二年三月、トゥビシンからはルシーノも含め、九人がニューヨークへ向かった。それが十年後の、こんにちの一二〇人につながっている。ルシーノは、だから、自他ともに認める村いちばんの英雄だ。だが、ルシーノにとっての英雄は「なんなら一緒に行くか」と言ってくれたその男にちがいない。けれど、その男の名前すら覚えていないという。わかっているのは、男はもう亡くなってしまったということだけだ。

ニューヨーク開拓時代

「これっくらいのところ（八畳ぐらいの部屋）に、全部で十五人で、えーっと……、トゥビシンのやつ七人と、クーバからは、八人で住んでたんだ。狭いのなんのって。だからさ、寝るときは頭と足とをたがいちがいにして寝たよ。部屋にあったもの？　なにもなかった。テレビもステレオも何もなかった。とにかく寝る場所すらないくらいで……」

にわかには信じがたい話をしてくれたのは、クーバに住むナサリオだ。現在ナサリオは、クーバ―タンダイ間のタクシーの運転手をしている。私が初めてトゥビシンを訪れた際に、私とマリオを送ってくれた人物だ。そして彼は、クーバから初めてニューヨークへ渡った人物でもある。クーバの英雄だ。

彼がはじめてニューヨークへ行ったのは、今から十四年前のこと。ルシーノより二年早く、北へ行っている。それまでは、彼もまた家族全員でクリヤカン生活を送っていた。彼の父親には親族も多く、彼を入れて六人の息子もよい労働力になった。クリヤカンやアカプルコでお金を貯め、それを「踏み台」にして、ファミリアのうち誰か一人をまずニューヨークへ行かせる。これがゲレロ州モンタニア地区での、最も一般的な脱貧困への道であることは前に述べたとおりである。

だが、ナサリオの場合は少し事情が違った。クリヤカンにおいて一家で少しずつ貯めた金で、四〇頭の牛と三〇〇頭のヤギを購入した。この家畜を資産に、クーバで生きていくつもりだった。「ニューヨークのことはクリヤカンにいた頃から聞いてはいた」とナサリオは言うが、当時まだ誰もニューヨークへ行った者はいなかった。だが、村に戻ってしばらくしたころ、一家は一大決心をし、買ったばかりの牛とヤギをすべて売りに出すことにしたという。一家の未来のすべてを、長男ナサリオのニューヨーク行きに賭けたのだ。当時の斡旋料は、二年後のルシーノのときと同額の三〇〇〇ペソだったが、それでも当時としては大金だった。すべて売り払ったのは、ニューヨークに着いてからの食費や家賃なども考慮してのことだった。

一九八九年、ナサリオはブロードウェイ八六丁目のデリで働きだした。朝の八時から夜八時までの一日十二時間、週七日、毎日休むことなく一年間働いた。次の年はコロンバス街九三丁目のギリシャ料理店。そこでも一日十二時間、一年間毎日働いた。その後の一年間はピザ屋。そして次はアムステルダム街のペルー料理店で、さらにもう一年間働いた。四店ともアッパーウェスト地区の八〇～一〇〇丁目の間にある。結局、初めて帰国するまでの四年間、彼は「一日も休まず働いた」という。

最初に「にわかには信じがたい話」として紹介したナサリオの体験は、ルシーノをはじめとするトゥビシンの男たちが九二年にニューヨークへ行き、一緒に生活しはじめたころのようすである。ブロードウェイ一一二丁目にある、現在ミゲルたちが住んでいる「とにかくミステコ族だらけ」のアパートでの、「ニューヨーク開拓時代」の思い出話だ。

ナサリオは今では、クーバとタンダイにそれぞれ家をもっている。クーバにある二階建ての家には私も何度かあがらせてもらったが、「コヨーテ」をしているマルティンとは比較にならないほど立派な家だ。ナサリオの両親は一階で雑貨屋を経営しており、長距離電話もかけられる電話ボックスが、店の中に設置されている。近所の婦人たちにとっては、ここはよい井戸端会議所だ。子供たちがその周りを、甘いものを片手に走り回る。もっとも、ナサリオの五人の弟はニューヨークにいるため、二階の部屋はナサリオの部屋を除いてすべて空き部屋になっているが。

5　出稼ぎ問題とは何か

分裂と滅亡

十月になると同時に、トゥビシンにはまったく雨が降らなくなった。

乾季にはいって一週間ほどたったある晩。十月六日深夜、トゥビシンの若者四人が、なにかの拍子でけんかをした。彼らはわずか一晩で、一箱二十本入りのビールを三箱空け、泥酔していたという。事情を知った長老アレハンドロは、翌日の夕方、彼ら四人を集会所に呼び出して説教をした。アレハンドロのほかにも、村の中年層の大人が三、四人来ていた。子供たちは何ごとかと、窓からぞいて中のようすをうかがっている。

はじめのうちは、若者四人が何か弁解するようなときもあったが、とちゅうからは長老アレハンドロがひとりで、しずかに語りだした。まわりの者はときどき相づちを打つていどで、アレハンドロの話をじっと聞いていた。私も彼の語りを二時間ぐらいは聞いていたが、まったく終わりそうになかったので、その日はマリオの家に帰った。

次の日の午後、その四人は集会所の横に設置されている、広さ三畳ほどの留置場に入れられていた。留置場の中にはいすも何もなく、四人とも鉄格子の入り口近くにぼんやりとつっ立っている。足元にはジュースの空きビンが四本置いてある。誰かがさし入れでもしたのだろう。「きのうの説教は何時間続いたんだい」と私がきくと、その中の一人はこう答えた。「十五時間さ」。四人はその留置場で二十時間過ごしたのち、釈放された。「十五時間さ」と答えたアントニオはそれから一カ月間、無償奉仕で建築工事に従事することになった。アントニオは、長老アレハンドロの五男だった。

それから数日後、私がロベルト・サントス一家を訪れた際、その四人の中では最年少であった、ロベルトの孫パンチート（十七歳）にけんかについてきくと、彼はこう言った。

「あの晩、俺はまったく飲んでいなかった。もともとやつらとは一緒にいなかったんだから。やつら三人が勝手に酔っぱらっていて、いきなり俺にからんできたんだ。だからけんかになった」

パンチートがアントニオたちと飲んでいたとは考えられない理由は、彼の発言のほかにもある。パンチートが同年代の村の若者と一緒にいるところを、私は一度も見たことがない。それに、ニューヨークへ行ったこともないパンチートには、そもそも飲む金などないだろう。サントス一家はトゥビシンでは最も貧しい家のひとつだ。アントニオをはじめとするほかの三人はみな、ニューヨークを経験した二十代の、一時帰国しての休暇中の若者だった。

けんかから一週間ほどのちの十二日夜、今度はマリオがベロベロに酔うまでどこかで飲んだあと、家に帰ってきた。イザベルの心配そうな顔に、私も何があったのかと困惑していると、次の日の午後もまた、彼はビールを飲み続けた。義理の兄弟が経営する雑貨屋の前で、四十～五十代の四、五人の大人と共に、彼は飲んでいた。一箱二十本入りのビールのケースが、すでに二箱空いていた。なまぬるいビールを、彼らは箱ごと買って飲んでいるのだ。雑貨屋の前をたまたま通りかかった私が「今から家に帰るところです」と言うと、マリオは「お、もう帰るのか。そうか、そうか」と、なれなれしい口調で言った。酒を飲んでいるというよりは、もう飲まれてしまっている顔だ。私が第一印象で受けた「何か深く考え込んでいるような、哲学者のような顔」は、そこにはない。

別の日にも、マリオはずいぶん酔っ払うまで飲んだことがあった。飲み相手は、同じく村の富豪で「牛を十頭以上持っている」ホベンティノだった。もともと私がひとりでホベンティノの家を訪れ、二人で一時間ほどしゃべっていたのだが、途中からマリオが加わり、結局マリオとホベンティノのふたりで、それから二、三時間飲んだすえに、酔っぱらって帰宅した。

村での滞在中、私はこうした飲んだくれを何度か目にした。教会の横でこそこそと昼間から大人四人で飲んでいるのを見たときは、明日にひびく酒どころか、一生にひびきそうな酒だと直感した。

こうした意味のない酒のほかに、悲しい酒もある。

ミゲルのおじであるフリオには、五人の娘がいる。うち一人はニューヨークにいる。反対に、息子はいない。義理の息子たちは、みなニューヨークにいる。けれど彼らは、フリオをまったく助けないという。息子がいないことは、男兄弟がいないのと同じほど、出稼ぎ村で生きていくには致命的なことである。

「男の子は父を助ける。女の子は母を助ける。だから子供は両方必要なんだ」

こうミゲルは力説し、「だからフリオは毎日飲んでばかりいて、泣いているらしいよ」と言った。

二〇〇二年に入り、ミゲルがこんなニュースを持ち込んできた。

「（長老アレハンドロの五男である）アントニオが村で誰かに刺されたらしい。命に別状はないらしいけど。誰がやったのかはわからない」

それ以上詳しいことはそれ以降わからなかったが、いやな予感が当たってしまった、という気がしないわけではなかった。

メキシコは世界でも有数の、他殺の多い国である。と同時に、国内の殺傷・暴力事件の多くは、アルコールの摂取が関与していると言われている。トゥビシンはその意味においては「メキシコ」になりつつあるようだ。トゥビシンにおける他殺は、三年前に一度起こっている。

出稼ぎの悲劇のひとつに、恋人同士の破局がある。向こうで新しい恋人を作ったり、残っているものに新しい恋人ができてしまったり。あるいは、酒に溺れたり……。ミゲルの妻のセネイダには姉が一人ニューヨークにおり、現在彼女は、あるユダヤ人宅で家政婦として働いている。彼女は以前まだ村にいたとき、離婚した。当時ニューヨークにいた夫は新しく愛人を作ったわけでも、酒に溺れたわけでもなかった。彼は麻薬を売り、捕まった。そして二人は別れた。二十代前半の彼女は今、結婚相手を探している。トゥビシンの女性としては、結婚適齢期をとっくに過ぎている年頃だ。ミステコ族のダンスパーティでは、誰とでも積極的に踊る彼女の姿があった。

トゥビシンから出稼ぎに行って、現在アメリカの刑務所にいるものはほかにも身近にいる。ラウールの弟も、同じように麻薬を売っているところを捕まった。スペイン語すら流暢に話せない彼らが、警察にどういった扱いを受け、どうやって刑が確定し、さらに刑務所内でどのような生活を送っているのか、わからないことばかりだ。

プーマの靴が好きで、インド人の寝ている真似ばかりしていたホスティノは、彼のいとこであるミゲルによれば、「麻薬を売っていたとき、捕まりかけた。警察に顔をしっかり覚えられているので、怖くてニューヨークへは戻れない」のだそうだ。

こうした家族の崩壊が進む一方、家族の生産にもまた、変化がおきている。

現在ニューヨークにいるトゥビシン出身の一二〇人のうち、アメリカ人と結婚したものはいまのところいない。だが、エスパニョール（メスティソ）と結婚したものは数人いるという。そして、ニューヨークで生まれたミステコ族も、数えるほどではあるが、出てきている。

二〇〇二年一月、ミゲルの弟マルコンドニオと、マルコンドニオの恋人スサナとの間に男の子が生まれた。アメリカ社会では、たとえ親が不法滞在者であっても、アメリカ国内で生まれた子は自動的にアメリカ国籍の所有者となる。トゥビシンからアメリカ人が誕生したのは、双子一組を含めてこれで五人目だ。それでもマルコンドニオは「あと二年ぐらいしたら村へ戻る」といっている。だがどうだろうか。医師が定期的に彼らのアパートを訪れ、いろいろと無償でアドバイスをしたりしてくれる国だ。村にいたら誰がそんなことをしてくれるというのか。彼らの息子の名は、ジョニーという。

マリオとイザベル夫妻にとっては初孫の誕生だ。けれどこの名前を聞いて、彼らはなんというだろうか。名前の発音すら、なれるのに時間がかかるかもしれない。少なくとも心理的には、なじめないだろう。ジョニーの親は、二人ともミステコ族なのだ。マリオとイザベルがジョニーを抱くのは、いつの日になるのだろう。

トゥビシンのミステコ族社会は九〇年代に入り、今まで経験したことのない家族の分裂、緊張に直面している。こうした混乱が、民族滅亡の兆しであることに、村人たちは気づいてはいない。それどころか、彼らはこの混乱をふりはらうかのようにさらに北を目指し、出稼ぎを続ける。タンダイでタクシー運転手をしているある男は、こうつぶやいた。

「今度北へ行くならシカゴだな。ある程度、暇や休暇がある。ニューヨークは忙しすぎるよ」

たしかに彼の言うとおりだ。世界貿易センタービルの爆破テロがあった翌日でも、アッパーウエスト地区のほとんどの店は、通常どおり営業していた。ミゲルたちはいつも「ムチョ＝カンサード（すげえ疲れた）」と言いながら、仰向けになって背中の中心から肩甲骨にかけての僧帽筋全体を、流し台の角にこすりつけてはマッサージをしている。いつも狭い厨房で水仕事ばかりしているから、彼らの手は日に日に白くふっくらしてきているように見える。農夫の手からはほど遠い。ミステコ族は手を見れば、彼らがどのくらいニューヨークにいるのかがわかる。

何時に寝てもいい生活。どこで寝てもいい生活。トゥビシンの若者たちにとってニューヨークで働くことは、義務であった。だが、ニューヨークに着き、そこで生活するにつれ、次第にさまざまな欲望を満たしてくれるのも、この「義務」であることを悟る。この表裏一体感は、ニューヨークで生活している者だけが体験できるものだ。それに、そもそもこの「義務」は、それほどつらいものであるかどうかも疑問だ。

たとえば、七人家族のうち息子二人がニューヨークへ行った場合、彼らが稼ぐのは、時給四ドルで週六十時間労働とすると、週約四三二〇ペソ（四八〇ドル。一ドル＝九ペソで計算）。これは、村に残った家族五人が、一年間毎日たらふく食べたとして消費するトウモロコシ一〇カルガ（一四四〇リットル）を買うのに必要な五七六〇ペソ（タンダイで最も一般的な値段である一リットル＝四ペソで計算。二〇〇一年十月時点）の八割に匹敵する。つまり、息子二人が十日間働けば、残り五人の一年間分の食費が稼げることになる。

もちろん給与からは家賃や彼ら自身の食費などが差し引かれるし、家族にとっては、トウモロコシだけでなく肉や野菜も必要だろう。ただ、「四人で一枚のトルティーヤを分け合っていた」

り、「一粒のトウモロコシを何時間でも噛み続けていた」食事は、もうしなくてすむ。それに、「三日間何も食べないこともしょっちゅうだった」り「それが原因で餓死したものもいた」（すべてマリオ談）生活からは、今すぐ解放される保障が、出稼ぎにはある。そして、十分食わせてもらえるようになった親の元には、見たこともないようなものが次々に持ち込まれてくる。親は子供を出稼ぎに行かせ、トゥビシンは村人をさらに放出するしか手を知らない。そうすることにより、村は生きのびてきた。初めてニューヨークへ渡ったルシーノがトゥビシンの英雄なのは、彼が村びとに生きる目標を与えたからにほかならない。その英雄である彼のあとにつづくことは、当然名誉なことになる。

仕送りの個人的な使い道は、新築の家を建てる、高価な家畜を買う、電化製品を買う等々。トゥビシンには現在、タクシーが三台と雑貨屋が七軒ある。すでに飽和状態だ。彼らの売り上げはもちろん、出稼ぎにいっている者からの仕送りにほぼ全額たよっている。村で職人と呼べるのは、窓屋をしているビンセントただ一人だ。彼は五年間、アカプルコで窓職人の見習いをしたのち、村に戻って自分の店を持った。彼もまた、出稼ぎにいった者が建てた家の窓を作るわけだから、出稼ぎのおかげで食っていける。村の政策といえば、道を舗装する、教会を建て替える、祭りに莫大なお金をつぎ込む等々。若者は老後の「保険」として、村にも経済的に貢献する。

彼らがそうするのは、結局そういったことにしか金の使い道がないからだともいえるが、むしろ、閉鎖的な地域社会であるがゆえに、彼らは目に見えるものにすすんでお金をつぎ込んできた。

「普通のメキシコ人」が持っているものをまずは手に入れ、あわよくばそれ以上のものをニューヨークで手にいれられるところに、出稼ぎの意味がある。無知な貧民が出稼ぎをしてまず知ることは、どうやって豊かになるかとか、どうやって村を発展させていくかではなく、彼らがどれだけ貧困であったかということなのだ。トウモロコシなど作っている貧しいメキシコ人にならないことが、彼らの目標なのだ。トウモロコシなど作っていたから、貧困だったのだ、と。

農を捨てる

およそメキシコ人と水のあるところには、必ずトウモロコシ畑がある。

こういわれてきたメキシコ。だが、裏を返せば、人と水のないところには、トウモロコシ畑もない、ということになる。

メキシコではよく「水が政治を決定する」と言われるように、水問題は深刻である。九割以上の河川は汚染されていると言われ、国民一人当たりの飲料水量はエジプトより少ない。半世紀前に比べ、飲料水量は六〇パーセントも減ったと言われている。ニューヨーク市民は一日平均六八〇リットルの水を使っているが、これは、トゥビシンの村人にとっては想像を絶する世界なのだ。一九九〇年の統計によると、メキシコで上水道の完備されている家は四一パーセント、下水道に関してはたった九パーセントといったありさまで、トゥビシンの上下水道整備率は、共に0パーセント。雨水に頼る農業をしている村には、まだトイレというものがない。皆その辺の草むらで用をたす。

	シャルパ行政区（一四八八戸）		トゥビシン（約五〇戸）	
	あり	なし	あり	なし
上水道	三二三	一一六五	七*	四三
下水道	三	一四八五	0	五〇
電　気	一三三七	一五一	0	五〇

*水たまりのような水源。非飲料水。常時供給されるわけではない。

トゥビシンには、水がない。一二〇人が何年も出稼ぎに行っても、井戸ひとつ掘られなかった。レンタルビデオ店があるのとは対照的だ。トゥビシンは未開ではないどころか、文明社会の先端も知っている。ただ現在言えることは、農夫もおらず水もないトゥビシンは「メキシコ」ではなくなってきているということだ。だがこれも、起こるべくして起こったのだ。トゥビシンにとって、トウモロコシはメキシコの象徴ではなく、貧困の象徴であった。

　現在村のトウモロコシの自給率は下がる一方で、五割にも満たない。マリオの家には、収穫後のトウモロコシを貯蓄しておくための小屋があるが、中はからっぽだ。日本の穀物自給率は二八

％（二〇〇二年）であるが、このままいけばトゥビシンにも食の危機はいずれおとずれるだろう。

またここでも、裕福な大家族は農薬を購入でき、一応の収穫をあげるが、小家族は働き手がいなかったり、農薬代が高すぎるため（一般的に広く村で使われているフェリテリサンテは一リットル入りで三〇〇ペソ、散布タンクは五〇〇ペソ）購入できず、したがって収穫は伸びず、結局休耕せざるを得ないといった差が生じる結果となる。今後、こうして村民がニューヨークへ行けば行くほど、さまざまな点で貧富の差は広がっていくだろう。

現在、完全自給しているのは七十四歳のヘスースただ一人だ。一九七八年には、彼一人で二五カルガのトウモロコシを収穫し、羨望の的となった。それ以降も毎年常に収穫量一位を保ってはいるものの、もう誰も彼の畑仕事に関心はない。トゥビシン最後の、誇り高き農夫と言える人物だ。

「なぜあなたの畑ではそんなにトウモロコシがとれるのですか」と私がきくと、彼はこう答えた。

「ほかの者は、どうしたらよくとれるのか、知らないだけだ」

ほかの者は、農夫としての経験や知識がないからだという。けれどそんなものはなくても、食べていけるようになってしまった。タンダイでは週末ともなると、トウモロコシを売る商売人が、何十人と集まる。うち七割ちかくは、ここ三年のあいだに商売を始めたものたちだ。一リットルを三・五ペソで仕入れ、四ペソで売っているという商売人のひとりはこう言った。「ミステコ、トラパネコ、ナワトル、みんな買いに来るさ。俺も以前は畑を持っていたけど、やめちまった。

こっちのほうが儲かるんだ」。

前出の国連開発計画が一九九三年三月に出した『メキシコ・三つの重要生態域における、総合的な生態系管理』というレポートによれば、もともとモンタニア地区に存在していた森林のうち、これまでに五七・九%が失われてきているとし、生態系の破壊や温室効果ガスの排出を急速に促しているると報告している。森林減少の理由のひとつは、「輪作や根おおい、みぞ掘り、段差作りなどといった、土壌や水質保護のための基本的な土地整備が行なわれていないことであり、その結果、栄養は枯渇し、土地荒廃が進み、生産性は低いまま、農民たちは農地を広げ、同じことを繰り返す」のだという。また、燃料となる薪を得るために木が伐採されることも、別の理由として挙げられている。モンタニア地区では一年間に、一九万トンの薪が伐採され消費されているが、植林は一ヘクタールすらない。

レポートは、こうした土地荒廃の根本的な原因のひとつは、貧しい人々、特に先住民族たちは、リスクを背負うことを嫌ったり技術改革に消極的であるなど、政府機関との接点がないことであるという。もしそうなら、出稼ぎはまさに、政府機関との接点を断ち切る役割をはたしているといえる。

マリオの家にロバ十頭分の薪を配達したホスティノは、年に二リットルしかトウモロコシを生産していない。なぜなら「薪のほうが早くお金がたまるから」だという。これが、ニューヨークへ行くための費用を貯めるには最善の道のりだ。トウモロコシ畑の点検をしていたロベルト・サントスの長男ハイメは「小さい実ばかりでだめだ。もう少し待たないといかんな。今年も収穫は、少し遅めの十二月になりそうだ」といい、その帰り道「コヨーテになろうと考えている」とぽつりとうちあけた。ニューヨークを目の前にしたら、誰だって農業には消極的になる。

二〇〇二年春、アメリカで遺伝子組み換えされたトウモロコシによる大量汚染が、トウモロコシの遺伝子の故郷にあたるオアハカ州とプエブラ州で確認されたというニュースが流れた。幹線道路沿いの汚染が、とくにひどかったという。この事実と出稼ぎとは、もはや無関係とは言えないどころか、深い根のところでつながっている。

新築の家まで建てたミゲルは、それでも村に帰るだろう。彼自身、「もし何かプロブレマ（問題）があったら、帰るつもりでいる」と言っている。「プロブレマってどういうことなの」ときくと、「病気になったときか、働くのがいやになったときさ」と答えた。

「そのときはトゥビシンに遊びに来てよ。もちろん一月の祭りに合わせてさ」

ミゲルは半分冗談のような、半分本気のような口調で言う。「そのとき」がいつなのか、彼自身わからないからなのだろう。

「で、トゥビシンでは畑仕事するの」と私はきいてみた。ミゲルの口から出た答えは「じつは、畑仕事はしたことないからなあ」。そうだった。ミゲルは、農夫ではないのだ。クリヤカン、アカプルコ、そしてニューヨーク。ミゲルの人生は、出稼ぎの人生だった。

私はこれまでミゲルに、何十時間、いや仕事中の会話も入れると何百時間とインタビューをし、過去について語ってもらってきた。その中で彼の顔がいちばんうれしそうに見えたのは、クリヤカンで「はじめてコーラを飲んだ」と言ったときでもなければ、アカプルコで「はじめてテレビを見た」と言ったときでもない。ましてや、ニューヨークに来るために「はじめて飛行機に乗った」と言ったときでもない。それは、ミゲルが七歳から十二歳まで世話していたヤギが赤ちゃんを産んだとき、「かわいいから母親ヤギの目を盗んで抱いたよ」と言ったときだ。彼の中のトゥビシンの記憶は、ヤギをすべて売り払い、クリヤカンへ向かったときでとまってしまったのだ。

出稼ぎをするミステコ族はもう、牧畜民でも農耕民でもなくなった。疲れきって村に戻れば、少しばかりきれいにした家で、ニューヨークの懐かしいビデオでも観ながら余生を過ごすのだ。晴れた日には牛を散歩に連れて行き、のんびり気分転換でもするのだろう。だがそのとき、農夫でなければ、いったい何をするのだろうか。出稼ぎののち、何をすればよいというのか。何を誇りにトゥビシンで生きていくのか。

その答えは見つからないまま、親が使いものにならなくなったら、代わりに子供がニューヨークへ行く。トゥビシンの小学校の校長先生によれば、「みなニューヨークに行くことばかり頭にあるから勉強が手についていない」そうだ。ミゲルのいとこで十五歳のルシオは「ニューヨークへ行ってお金を貯めて、帰ってきたら車を買いたい」と言った。父親はお金を貯めて雑貨屋を開いたから、僕は車だ、とでも言いたげだ。村長の次男、十四歳のフェルナンドは、敬虔なカトリック教徒で村いちばんの秀才でもある。今年は村の経理も担当していたほどだ。彼の兄と姉が、ニューヨークで待っている。おそらく彼らもまた、来年になればニューヨークのどこかのレストランで皿洗いをするのだろう。

ある日、「はな」のマネージャーがミゲルたちに言った。

「皿洗いさえできれば、ここ（ニューヨーク）ではどこへ行っても立派に通用するさ」

だからどんどん皿を洗ってたくましく生きろ、というわけだ。つい昨日まで、この世界的に見ても豊かな生態系の広がる自然の中で育ってきた、村の将来を背負って立つべき若者たちは、村から突然姿を消すのだ。そしてニューヨークのレストラン産業に、消費されるだけ消費されてい く。月日がたち、彼らはニューヨークにできるだけ長居しようとする。そうするのは結局、彼らもまたいつかは村へ帰らなければいけないことを知っているからだ。遊べるだけ遊んで帰りたい。でも働けるだけ働かなければ困るのは自分だ。

ミゲルたちは、ただ、出稼ぎに行っただけなのではないのか。それは文字どおり、「出稼ぎ」であり、それ以上でもそれ以下でもなかった。日々皿を洗い、手がだんだん白くなるにつれ、トゥビシンのアイデンティティまでもが、白紙の状態になっていく。ニューヨークにとどまればとどまるほど、トゥビシンの混乱は深まるばかりだ。

たしかにミゲルたちは気づいていない。帰る場所を豊かにするはずの出稼ぎが、大きな矛盾をはらんでいることに。出稼ぎすればするほど、トゥビシンは豊かになると同時に、閉鎖的になっていることに。その豊かさが、地に足がついていない一時的なものにすぎないことに。

だが出稼ぎのほかに、何ができたというのか。

「ここから三時間ぐらい走ったところにある村にはまだ電気もないし、家屋も全部、カサ・デ・パルマさ。はだしで歩いている人もたくさん見たよ。そこへ君を連れて行きたいんだが、まだ雨季だしね、道が悪くて車が通れないんだよ。十二月まで待たなくてはだめだね。彼らはニューヨークの存在はおろか、クリヤカンすら知らないんだ」

トゥビシンの英雄ルシーノは、ある日私にそう言った。トゥビシンも十五年ほど前までは、その村そっくりだったに違いない。それから出稼ぎ一筋でつっ走ってきた。今年もトウモロコシの収穫が、ひっそりと行なわれていく。

出稼ぎ問題とは何か

出稼ぎは、出稼ぎをしたことのある人でないと、その気持ちはわからない。だから私は、出稼ぎについて議論をする上で最も重要なのは、「出稼ぎする者の気持ち」そのものであると考えている。

その視点に立てば、出稼ぎ問題とは国境・海・大陸を越えるものだと容易に実感できる。「出稼ぎする者の気持ち」とは、彼らの価値観、幸福観であり、それらは、彼らの地域社会や帰属意識と密接に関係している。ミゲルの生まれ育ったトゥビシンの社会では、中心から家族・村・地域社会という三重の輪からなるもので、中心へいくほど、その帰属意識は強くなる。

けれど現在、一般的に行なわれている出稼ぎ問題についての議論は、不法に越境した者も含め「移民してきた人をどう扱うか」ということに主眼がおかれている。やや詳しく言えば、「移民が増えてきており、彼らと彼らから派生してくる法律・人権・医療・教育などの問題を、どう処理していくか」ということだ。つまり、これまでの「出稼ぎ問題」とは、「移民対策」と同義であり、国内問題として扱われてきている。アメリカとメキシコの両大統領の思惑では、不法移民に就労ビザを与えていれば、アメリカ経済は安定し、メキシコは従属に甘んじ、お互い自国の地位を固められることになっている。これであたかも出稼ぎ問題が一応進展し、なんらかの決着を見たかのような印象さえ受けるのは、出稼ぎ問題がいまのところ、移民対策に限られて話が進められているからだ。

私には、これは重大なあやまちに映る。「ミゲルを想うマリオの気持ち」も重要な問題であるはずなのに、マリオは出稼ぎしていないがために、そんな気持ちはまったく考慮されていない。村に残った、お年寄り・子供・自然・言葉・風土・思想・笑い・悲しみなどは、村に残っているために、出稼ぎ問題とは考えられていない。それでは村が惨めすぎるではないか。出稼ぎで人間を失った村は、出稼ぎ問題とは無縁なのか。彼らの村こそ、出稼ぎ問題の当事者である。これが私には、ミゲルの、声にならない声のように聞こえた。

出稼ぎ問題を移民対策として捉えるのは、まちがいだ。出稼ぎ外国人労働者問題を、「外国人」

労働者問題という国内の問題として考えはじめるところに、「出稼ぎ」の本質的な問題そのものがないがしろにされている原因がある。ミゲルのニューヨークにおける人権・医療・教育などは、誤解を恐れずに言えば、末梢的な問題である。

アメリカが、たえず第三世界を受け入れ、社会の最底辺に組み入れながら、資本を肥大化させていく組織であるからには、不法出稼ぎ労働者をいちおう受け入れ、人道的に扱おうとすることもまた、理にかなっている。そこでの彼らの、「外国人」としての、「不法移民」としての、「第二級市民」としての人権についての議論は、くり返しなされている。しかしそれは、あくまでも受け入れる側の視点である。

現在、海外経験が豊富な人はじつに多い。長期海外旅行も当たり前だ。日本国内で外国人と交流する人もどんどん増えている。在住外国人問題に対する関心は今後も強まるばかりだろう。外国人の言葉の問題や雇用・医療の問題などは、複雑化する一方だ。通訳・医療などのボランティアには、私も積極的に参加したいと思っている。そうした国際交流・国際貢献に関心があれば、だからこそ、次のことに主眼を置くことが大事だと思う。

ミゲルは出稼ぎをしてはたしてしあわせか。

出稼ぎ問題とはこの一点に尽きる。しあわせだと感じているか、もしくは不幸と感じているか。ミゲルにとってもっとも大事な彼の家族はどうだろうか。ファミリアはまもられていくのだろうか。若者たちが大勢出稼ぎをするようになって、村は以前に比べしあわせになったか、不幸になったか。今後しあわせになるのか、不幸になるのか。これらのことを考えていかないと、戦争と同じように出稼ぎもまた、決して消えることのない傷跡を、村に残すことになるのではないか。トゥビシンがしあわせであるのなら、ミゲルの人権などあとからついてくる。

アメリカは、メキシコの少数民族が大量に不法入国することなど予想していなかった。けれど、カリフォルニアだけですでに、一〇万人以上のミステコ族が住んでいる。ほかにもサポテコ族・トラパネコ族・ナワトル族・マザテコ族など、少数民族を挙げればきりがない。彼らは何十年もかけて、メキシコ国内でいくつもの「踏み台」を経て、北へやってきた。そこには、彼らにはどうすることもできない大きな力が働いていた。

ミゲルの人生は、出稼ぎそのものだ。せまい世界観、内向的な幸福観のまま、誰にも干渉されることもなく、出稼ぎ先を変えて生きてきた。ニューヨークは、トゥビシンを離れたその日から、来るべくして来た最終の地だったのだ。金を稼ぐために不法入国してきた貧しいメキシコ人への「対策」をいくら論じても、もの心ついたときから出稼ぎとともに生きてきた者の耳には届かない。ミゲルにとっての出稼ぎ問題とは、なにかの「策」をこうじて解決できる次元のものではない。

日本への中国人密入国者が取りざたされている昨今、もし中国の少数民族がミゲルたちのように次から次に日本へやってきたら、我々はどう見るのだろうか。中国にも、トゥビシンのような少数民族の村は無数に存在する。そして彼らはこんにち、ものすごい数と勢いで、国内の「踏みのだ。

台」を経験している。中国の出稼ぎ少数民族は、すでにミゲルと同じ人生をたどりはじめているのだ。

日本人のどれほどの人たちが、現在の中国から出稼ぎに来る者の心に目を向けているのだろうか。石原慎太郎東京都知事の外国人に対する差別発言に怒る〝善良な〟市民が、それではどれほど不法滞在外国人の故郷、生活について知っているのだろうか。どれほどの人が、中国の農民の価値観、幸福観を知っているのだろうか。

出稼ぎ者には出稼ぎ者の目の高さがある。出稼ぎ問題は、このあたりまえの事実をがっしりと手にするところからはじめるべきだ。ミゲルとの出会いは、出稼ぎ者の心の内面を知るところにこそ出稼ぎ問題の本質がある、ということを教えてくれた。

出稼ぎとは、なにも外国人に限ったことではない。たとえば、日本の自動車産業が、地方から出稼ぎにきた季節労働者に頼っていることと、ことはまったくおなじである。

三重県四日市市でホンダ系列の下請工場で働いている、私の友人である日系二世のカルロスとしゃべっていたときのことだ。

「カルロスの働いている工場では、何人ぐらい働いているの」

「四〇〇人ぐらいかなあ」

「そのうち、何人ぐらい日系ブラジル人が働いているんだい」

相当数を予想していた私にとって、彼の答えはまったく意外なものだった。

「外国人は俺一人です」

そしてこう続けていった。

「あとは北海道と沖縄から半々ずつデカセギに来ています」

日本にも、ミゲルのような若者は大勢いる。私は思う。彼らの村は、はたしてしあわせなのだろうか、と。

村を去る日

十月十日。村を離れる日が来た。ルシーノのタクシーが出るのは朝五時と聞いていたが、私とマリオは四時過ぎにバスケットコートへと向かった。いつもと違う雰囲気なのは、のら犬が吠えていないからだろう。村に来て初めて、犬に吠えられることなくバスケットコートまで来たような気がする。

ルシーノがドアに寄りかかりながらタバコをふかしている。出発が少し早まるかも知れないと彼は言った。とりあえず荷物だけでも先に乗せておこうと、私たちは後ろの荷台にまわる。荷台にはすでに十五人ほど先客がいて、そっと出発だけを待っている。目だけ動かしてこちらをチラリと見ただけで、誰も挨拶ひとつしない。マリオが先に荷台に上がる。荷台の入り口すぐ右手の座席には、パニョ（ショール）に身を包んだ女が子供を抱きかかえ座っている。男たちは握り棒をつかんでじっと立っている。誰も動かず、誰もしゃべらない。鶏の鳴く声が遠くに聞こえるほかは、村全体がしんと静まり返っている。ホベンティノの家の前につながれている白い大きな牛が、どろんとした目でこちらを見ている。

ふとマリオを見ると、まるでずっと前からそうしているかのように、彼も固まってしまっている。にぎり棒をにぎりしめ、彫刻のように遠くの一点をただただ見つめている。彼の吐き出す息だけが、白く揺れ動いている。マリオの隣りにはホスティノが立っている。ニューヨークのピザチェーン店「ピザファミリア」の厚手のウィンドブレーカーを着ている。彼の妻と子供も一緒だ。目が合うと、ホスティノは私に小さくうなずいた。荷台のいちばん奥にはアルマンドの弟の十四歳のフロレンシオもいる。学校一やんちゃな彼も、寒そうにすみで縮こまっている。ほかにも見覚えのある婦人が何人かいる。今日は土曜日だから、土日を利用して買出しにでも行くのだろう。

四時四十分。車が動き出した。数日前に平らにしたばかりの道を行く。平らといってもコンクリートで舗装されているわけではないから、「ガッタンガッタン」だった道が「ガタガタ」に変わった程度だ。街灯などないためほとんど真っ暗闇のなか、時速二〇キロほどで車はゆっくりと坂を下りていく。ときおり徐行しながら、工事の出来具合を確かめるようにルシーノの車は進んで行く。葉だけむしり取られ、先端の実だけを残したトウモロコシ畑が、うっすらとあたり一面に広がっている。

東の空は、まだ尾根とその境の区別がつかないほど濃い紺色をしている。遠方には緑色のネオンが輝くトラパネコ族の村、シャルパが見える。彼らの村からも、こうして今ごろタクシーが出発しているにちがいない。

ピンと張りつめた冷たい空気がほおをかすめていく。もう一枚服を着ておけばよかった。握り棒は予想以上に冷たくて、すでに手がかじかんできた。水量が少なければ川を横断するとルシーノは言っていたから、もしかしたら少し早めにタンダイに着くかもしれない。着くのはそれでも七時過ぎだろう。下方には、対岸の町タシンの家並みが、徐々に霞んで見えてきた。荷台からは、婦人たちのおしゃべりの声が一つ二つ聞こえはじめてきた。

参考文献・ウェブサイト

上谷博・石黒馨編『ラテンアメリカが語る現代　地域知の創造』一九九八　世界思想社

梅棹忠夫『文明の生態史観』一九七四　中央文庫

国本伊代『メキシコの歴史』二〇〇二　新評論

国本伊代・中川文雄編著『ラテンアメリカ研究への招待』一九九七　新評論

国本伊代・乗浩子編『ラテンアメリカ　社会と女性』一九八五　新評論

桑田秀延『キリスト教の人生論』一九六八　講談社

芝生瑞和『アメリカよ、驕るなかれ』二〇〇一　毎日新聞社

島田晴雄『外国人労働者問題の解決策』一九九三　東洋経済新報社

週刊朝日百科　世界の地理　一一一　ラテンアメリカ『メキシコ』一九八五　朝日新聞社

新日本文学会編『いま国家を超えて』一九九一　お茶の水書房

世界大百科事典　二七「ミシュテコ」の項　平凡社

セルジュ・グリュジンスキ『アステカ王国―文明の死と再生』一九九二　創元社

田中敬一『メキシコにおける先住民の人口移動と先住民政策―ミシュテコ族の場合―』一九九九年　愛知県立大学外国語学部紀要　第三一号

ナンシー・グリーン『多民族の国アメリカ　移民たちの歴史』一九九七　創元社

ビジュアル博物館　四七『インディオの世界』同朋舎出版

ビジュアル博物館　六六『農業』同朋舎出版
藤永茂『アメリカ・インディアン悲史』一九七四　朝日新聞社
本多勝一『カナダ＝エスキモー』一九八一　朝日文庫
町村敬志『越境者たちのロスアンジェルス』一九九九　平凡社
三田千代子・奥山恭子編『ラテンアメリカ　家族と社会』一九九二　新評論
宮本雅弘編・写真『図説　メキシコ　混血が生む新しい民族文化』二〇〇一　河出書房新社
吉村作治『マヤ・アステカ太陽の文明』一九九八　平凡社

Aguirre International, No Longer Children, Case Studies of the Living and Working Conditions of the Youth who Harvest America's Crops, 1999-2000
Wayne A. Cornelius, Immigration, Mexican development policy, and the future of U.S.-Mexican relation, 1981, Program in United States-Mexican Studies University of California, San Diego
James I. Grieshop, Migrant Best Practices Community Education and Community Relations for "Exotic" Language Farm Workers, 2000, Department of Human and Community Development University of California, Davis
James Stuart and Michael Kearney, Causes and effects of agricultural labor migration from the Mixteca of Oaxaca to California, 1981, Working Papers in U.S.-Mexican Studies, 28
Nicholas De Genova, Race, space, and the reinvention of Latin America in Mexican Chicago, 1998, Latin American Perspectives, Issue 102, Vol. 25
Philip Martin and Ed Taylor, Immigration and the Changing Face of Rural California, 1995, Summary Report of the Conference held at Asilomar

Michael Kearney, From the invisible hand to visible feet: Anthropological Studies of Migration and Development, 1986, Annual Reviews of Anthropology Vol. 15

Michael Kearney, THE WINDS OF IXTEPEJI World View and Society in a Zapotec Town, 1986, Waveland Press

United Nations Development Program (UNDP), Mexico: Integrated Ecosystem Management in 3 Priority Ecoregions

http://www.census.gov
http://www.ciesas.edu.mx
http://www.ethnologue.com
http://www.fairus.org
http://www.ins.gov/graphics/index.htm
http://www.maps-of-mexico.com
http://www.maff.go.jp/
http://www.nyc.gov/html/dcp/
http://www.peopleteams.org
http://www.sil.org/mexico
http://www.tlapa.org/

あとがき

私は二〇〇〇年十二月、ニューヨークのマンハッタンにある自然食料理店「はな」で働きはじめ、それから二〇〇二年七月までの約一年半、アルバイトを続けた（ただし、二〇〇一年一月から三月までの二カ月間は、ビザの申請のために一時帰国した）。その間に出会ったミゲルをはじめとするミステコ族の出稼ぎ生活とその実態、およびミゲルの村に一カ月間滞在しての、彼の家族と村人たちの生活について記したものが本書である。

ニューヨークでの滞在期間のうち、最初の一年くらいは、マンハッタンからフェリーで二十五分のところにあるスタテン島に住んでいたが、滞在の後半七カ月は、マンハッタンの中でもメキシコ人がより多く住む、いわゆるスパニッシュ・ハーレムに滞在した。そこは、ミゲルの住んでいるアパートからはそれほど遠くなかったため、彼らと接する時間はさらに増えた。スペイン語もだいぶ使いこなせるようになり、より自由に取材ができることもあって、ミゲルへのインタビューをのぞいては、すべて通訳なしで取材を行なった。

想えば、ニューヨークへ来た当初は、黒人問題とアメリカ先住民問題に関心があり、毎日のようにハーレムに出かけたり、アリゾナ州を訪れたりしていた。アメリカ社会の底辺に生きるマイノリティとして、もうひとつ大きなグループであるヒスパニックについては、具体的知識も乏しくほとんど無知なままであった。彼らについて何か知りたいと考えていたとき、とつぜん目の前に現れたのが、その中での最下層の生活をおくるメキシコ先住民、ミステコ族であったのは、マイノリティへの問題意識をもっていた私には、幸運だったと言えるだろう。

本書ができるまでには、予想以上に時間がかかった。ようやく肩の荷が少し軽くなったが、今でもニューヨークで働いているミゲルたちのことを考えると、問題の重大さは少しも変わっていないことは言うまでもない。ニューヨークとトゥビシンへは、またいつの日かかならず訪れたいと願いつつ、出稼ぎ問題に直面しているミゲルをはじめとするすべてのミステコ族に、まずは本書を捧げたい。

本書の記述の中には、認識不足や早合点しているところも多少はあるかと思う。事実に反する箇所があれば、これはミステコ族自身にとっても望ましくないことであろうから、訂正していきたい。なお、本文中のメキシコ人の名は、プライバシーを考慮し、すべて仮名にしてある。

私にとっては、これが初出版である。トランスビューの中嶋廣氏には、この場をかりて、心から感謝の意をあらわしたい。

最後に、久しぶりに郷里に戻った私は、本書を書き上げるかたわら、次なる題材として、日本にいる出稼ぎ外国人労働者の取材を行なっている。今や国内随一の巨大娯楽産業に成長したパチンコ。町工場でその機械の下請け製造を支えるフィリピン人労働者について、今後さらに追っていくつもりである。

二〇〇三年六月二十七日　名古屋にて

池森憲一

池森憲一（いけもり　けんいち）

1974年名古屋生まれ。近畿大学建築学科環境デザインコース卒業。大学在籍中から国際交流に積極的に参加する。卒業後は中国・インドなどを旅する。貴州省凱理市に語学学校「凱理市池森育才外語培訓中心」を設立。2000年ニューヨークへ渡る。アルバイト先の飲食店でメキシコからの出稼ぎ少数民族ミステコ族と出会い、また彼らの故郷の村を訪れる。2002年帰国。現在は名古屋にて、フィリピンからの出稼ぎ労働者を題材にしたルポルタージュを執筆中。

ニューヨークのミステコ族
—巨大都市に生きる出稼ぎ少数民族—

二〇〇三年八月二〇日　初版第一刷発行

著　者　池森憲一
発行者　中嶋　廣
発行所　株式会社トランスビュー
東京都中央区日本橋浜町二-一〇-一
郵便番号一〇三-〇〇〇七
電話〇三（三六六四）七三三四
URL http://www.transview.co.jp
振替〇〇一五〇-三-四一一二七

印刷・モリモト印刷　製本・ナショナル製本協同組合

ISBN4-90150-16-9　C1039